今野 浩
Hiroshi Konno

工学部ヒラノ教授の青春

試練と再生と父をめぐる物語

工学部ヒラノ教授の青春　目次

第Ⅰ部　カリフォルニア・サンシャイン

工学部ヒラノ教授の青春　試練と再生と父をめぐる物語

これは、ある日幸運にも、アメリカ留学の機会を与えられたヒラノ青年の、博士号取得を巡る格闘と、博士号がなかったために、不運きわまる一生を送った父親の物語である。

物語は、輝かしい光に満ちたカリフォルニアからはじまる——。

第Ⅰ部　カリフォルニア・サンシャイン

1　夢のカリフォルニア

東京オリンピックから三年目の一九六七年（昭和四二年）、ヒラノ青年は東京電力を筆頭とする九電力会社の給付金によって運営されている「電力中央研究所」の「経済研究所」に勤めていた。

戦後最長の「いざなぎ景気」の中で、資金的なゆとりができた研究所では海外留学制度が新設された。〝毎年一人ないし二人の若手研究員を、二年にわたって、世界の有力研究機関に派遣する〟という、時代に先駆けた制度である。ただしここには、〝単身赴任すること〟という厄介な条件がついていた。

トップバッターに選ばれたのは、電気料金制度の専門家である荒木泰男氏と、経済予測が専門の北野義彦氏の二人である。独身だった荒木は、直ちにグルノーブル大学への留学をきめた。ところが新婚間もない北野は、奥さんの同意が得られないという理由で、辞退してしまった。

この結果一九六八年はじめ、ピンチヒッターとしてヒラノ青年が指名された。修士課程を出て、この研究所に就職してから二年九カ月、原子力発電の研究に馴染めずに悩んでいた青年にとって、思いがけないチャンス到来である。

戦後世代の多くがそうであったように、ヒラノ青年は中学生の頃からアメリカに憧れていた。中・高時代を通じて、あれほど英語の勉強に打ち込んだのは、いずれ自分もアメリカと関わり合いを持つことになる、という予感があったためである。

大学に入ってからは、いつの日にか、〝技術者のメッカ〟と呼ばれる「MIT（マサチューセッツ工科大学）」に留学したいと考えていた。しかしMITの学費は、一年につき一七〇〇ドル（一ドル三六〇円換算でざっと六〇万円！）だという。大卒初任給が二万円（約六〇ドル）の時代だから、〝絶対に〟不可能である。ところが、突然それが可能になったのである。

〝このようなチャンスは、二度と巡って来ないだろう。しかし、二年も一人暮らしができるだろうか。妻は単身赴任を納得してくれるだろうか〟。大学卒業と同時に結婚したヒラノ青年には、三歳の息子と生まれたばかりの娘がいた。

「今年の秋から、アメリカの大学に留学できることになったんだ」

「よかったわね。いいチャンスじゃない」

「ところが単身赴任が条件になっているので、どうしようか迷っているんだ」

「行ってらっしゃいよ。私たちはここで待ってるから」

「そうか。半年くらいしたら呼ぶから、それまで我慢してくれ」

「単身赴任が条件なんでしょう?」

「そうなんだけど、二年も一人暮らしとなると……」

「私はアメリカなんかに行きたくないわ。それに母の問題もあるから、一人で行ってらっしゃいよ」

軍医として出征した父親を南方戦線で失った妻は、アメリカ暮らしなどマッピラ御免なのだ。その上義母は、数年前から原因不明の難病を患っていた。

とりあえず妻の了解を取り付けたヒラノ青年は、「日米交流センター」で有力大学のパンフレットを調べてみた。分かったのは、どの大学もTOEFLとGREという二つの検定試験を受けたうえで、三通の推薦状を提出する必要がある、ということだった。

そこでヒラノ青年は、大学時代の指導教官である、森口繁一教授（東京大学）に相談することにした。統計学、OR（オペレーションズ・リサーチ）、数値解析、計算機プログラミングという、四つの分野の第一人者を兼務する教授は、超多忙であるにもかかわらず、その日のうちに面会に応じてくれた。

「緊急の相談ごととは、どんなことかね」

「今年の秋から二年間、アメリカに留学できることになりました」

「それは良かったね」

「何をやってもいいということですので、ORを勉強したいと思います。出来ればMITのスローン・スクールか、バークレー（カリフォルニア大学）のIE&OR（経営工学&OR）学科に行きたいと思いますが、どうお考えでしょうか」

「ORを勉強したいなら、バークレーよりスタンフォードの方がいいんじゃないかな」

「スタンフォードですか？」

「ダンツィクさんが、去年バークレーからスタンフォードに引き抜かれたんだよ」

〝線形計画法の父〟と呼ばれるジョージ・ダンツィク教授は、ORの世界で最も高名な大先生である。

「そうなんですか！」

「この間スタンフォードに行った時、いい学生がいたら紹介してほしいと頼まれたので、紹介状を書いてあげよう」

「有難うございます。それではスタンフォード、MIT、バークレーの三か所に応募することにします」

「アメリカの大学は、秋口から優秀な学生に合格通知を出して行くから、今頃だと定員に空きがないかもしれない。どこか滑り止めを受けておいた方がいいね」

「分かりました」

滑り止めは、高校時代以来の友人である野口悠紀雄氏（大蔵省）が応募すると言っていた、UCLA（カリフォルニア大学ロサンゼルス校）で決まりだ。

二つ目の推薦状は、かねてお世話になっている東工大の森村英典教授にお願いするとして、問題は三つ目である。アメリカでも名前が通っている三人の研究者の推薦状を提出せよというのは、実績がない若者にとって厳しい要求である。

ここで思いついたのは、暫く前に野口と応募した、政府の「二一世紀の日本」懸賞論文の審査委員長を務めた、学術会議議長の茅誠司先生だった。しかし、一度も口を利いたことがない大先生に、どうやってお願いすればいいいのか。

そこで、同じく推薦状を必要としているはずの野口に相談すると、「それはいい考えだ。すぐ電話してみよう」と言って、銀座にある茅事務所に電話をかけた。電話口に出た大先生は、「忙しいので推薦状を書いている時間はないが、自分で書いたものを持ってくれれば、サインしてあげよう」という。

東北大学出身ながら、東京大学総長を務めた後、学界の元締めである学術会議の議長に選ばれるような人には、このくらいの鷹揚さが必要なのだろう。

〝アメリカ人に対しては、アメリカ風に徹底的に自己宣伝しなくては〟。こう考えたヒラノ青年は三日がかりで、自分がいかに優れた人物かを強調した推薦状を書き上げた。中学以来の英語の蓄積をすべて吐き出したこの手紙は、厚顔そのものの内容だった。

一月末に受けたGRE（数学）は、上位〇・三％（偏差値七五）という好成績だった。一方、二月に受けたTOFEL（英語）は、合格ラインぎりぎりだった。

予想通りMITとバークレーからは、既に募集を締め切ったという通知が届いた。一方スタンフォードからは、〝今年は定員に空きが無いが、来年でよければ受け入れ可能〟という少々ましな報せがやってきた。しかし一年後では、留学の権利は失われてしまう。

ただ一つOKが出たのは、滑り止めで受けたUCLAの数学科だった。いわば東大と早稲田に門前払いを食った上に、慶応は補欠合格、そして受かったのは国立大学二期校という芳しくない結果である。

それでも、怠惰な生活から抜け出すには絶好の機会だと自分に言い聞かせ、英会話と数学の勉強を開始した。またMITやバークレーから帰った友人や先輩を訪れ、留学心得を拝聴した。しかし、宿題地獄や資格試験の話を聞かされても、それはMITのような一流大学の話であって、（二流の）UCLAには該当しないだろう、とタカをくっていた。当時の日本では、工学部の大学院は学部の付け足し的存在であって、まともな講義はほとんど行われなかったし、宿題など出たためしがなかったのである。

ところが、あと三ヶ月で渡米という段階になって事態が急変した。（一流の）スタンフォードから、〝定員に空きができたので、入学の意志があれば至急連絡されたし〟という手紙が舞い込んだからである。

適当にやればいいと思っていた青年は、俄然本気になった。数学では無理でも、ORなら二年で博士号（Ph.D.）が取れるかもしれない。〝博士号を取って、大学という職場で働きたい〟。これが中学時代以来の夢だったのである。

一九六八年（昭和四三年）の九月はじめ、二八歳になったばかりのヒラノ青年は、サンフランシスコに向けて旅立った。羽田には、妻と二人の子供達、両親兄弟の全員、それに勤務先の上司・同僚が大勢見送りに来てくれた。海外留学はもとより、海外出張ですら珍しかった時代である。

スーツケース一つと、胸部X線写真を抱えてDC8に乗り込んだ青年は、期待と不安が入り交じる緊張感の中にあった。

夕方五時に羽田を発ったＪＡＬ〇〇一便は、途中アンカレッジで給油して、現地時間の朝九時半にサンフランシスコ空港に到着した。騒音と不安、そして期待感の中で、ヒラノ青年は機中で一睡もできなかった。

入国手続きを済ませてタクシーに乗り、スタンフォード大学があるパロアルトに向かう道のりで驚いたのは、片側四車線のフリーウェイ（高速道路）と乾いた空気、そして日射しの明るさだった。国道一〇一号線を南に下る間中、頭の中ではパパス・アンド・ママズの『夢のカリフォルニア』のメロディーが鳴り響いていた。

タクシーは三〇分ほどでフリーウェイを下り、ユニバーシティー・アベニューを西に約二マイル。映画で見馴れた、アメリカそのものの住宅地を抜けると、パロアルトの商店街に出た。予約してあったカーディナル・ホテルは、サザン・パシフィック鉄道のパロアルト駅近くにあるクラシックな建物で、フロントにはゲーリー・クーパーの『真昼の決闘』に出てきたような、感じが悪い蝶ネクタイオヤジが坐っていた。

三泊分の宿泊料金二七ドルを払って二階の部屋に入り、シャワーを浴びてヒゲを剃ったところで、眠気が襲ってきた。腕時計は（日本時間で）午前六時を指している。横になりたいのは山々だが、ここで眠ってしまうと時差ボケになるので、眠気覚ましに商店を覗きに出かけた。

表通りには、銀行、トラベル・エージェント、保険代理店、ブティックなどが並んでいた。裏通りに廻って食料品店に入ると、大きな牛肉の塊や極太のソーセージ、噂にしか聞いたことがなかったグレープフルーツやアボカド、そして丸太のような西瓜が、信じられないような値段で売られていた。

単身赴任が条件になっているのは、家族同伴だと英語が上達しないからだということだが、ヒラノ青年は半年後には家族を呼び寄せるつもりだった。出発するときに単身であればごまかせる、と思っていたのである。

問題は、月々三〇〇ドルの滞在費と、一〇〇ドル相当の給料で、家族四人が暮らしていけるかどうかである。あちこちの店を回って、食料品の値段を確認したヒラノ青年は、〝大学の家族寮に入れてもらうことが出来れば何とかなる〟と安堵の胸をなで下ろした。

スタンフォード大学は、西部開拓時代に、サザン・パシフィック鉄道の経営で巨万の富を築いたリーランド・スタンフォードが、夭折した息子のために、一九世紀末に設立した私立大学である。

サンフランシスコ湾の付け根、サンタクララ・バレーの北端にあるこの大学は、アメリカのエレクトロニクス、情報産業のインキュベータとして重要な役割を果たした。古くはヒューレット・パッカード、サン・マイクロシステムズから、最近のヤフー、グーグルに至る有力企業は、この大学の卒業生が起業したものである。

数々の有為な人材を輩出したスタンフォードは、現在ではハーバードと並ぶ世界最高の大学の一つに数えられているが、第二次世界大戦が終わるまでは、鉄道王が庶民から搾取した金で作った、〝田舎のブルジョア大学〟だと思われていた。

ところが一九五〇年代に入ると、気候の良さと仇敵・ソ連から遠く離れているのがメリットになって、軍需産業が次々と東部から本拠を移した。このため六〇年代半ばになると、カリフォルニアは全米で最も将来性がある地域と見られるようになった。このような状況の中で、スタンフォードは豊富な資金力を武器に、急上昇を始めた。

そんな事情は全然知らないヒラノ青年にとって、MIT、バークレーの両横綱に比べると、スタンフォードはたかだか大関程度の大学にすぎなかった。

「日米文化センター」で調べた資料によれば、スタンフォードは一千万坪を超える敷地を持ち、東部のコーネル大学、中西部のウィスコンシン大学と並んで、全米で最も美しいキャンパスの一つに数えられているという。

一千万坪といえば、東大駒場キャンパスの一〇〇個分に相当する。こんなに広いキャンパスで、学生はどうやって過ごすのだろうか。〝田舎にあるだだっ広い金持ち大学〟。これが、日本を出発するときにヒラノ青年が抱いていた、スタンフォードのイメージだった。

アメリカでは企業だけでなく、大学も激しい競争にさらされている。有力教授の引き抜きによって、数年でランキングががらりと変わることも珍しくない。一九七〇年代に入ると、世界中の大学から有力な研究者をかき集めたスタンフォードは、ハーバード、MIT、バークレーに匹敵する評価を獲得することになるのであるが、その前夜にあたる六〇年代末のスタンフォードは、大発展に向けて助走を始めた段階にあった。

到着した日の午後は、パロアルト市内を歩き回って体を疲れさせ、夕方早目にベッドに入ったところ、たちまち眠りに落ち、六時過ぎまでぐっすり眠ることができた。おかげで時差ボケにはならずに済んだ。

翌朝は、バナナとグレープフルーツで朝食を済ませたあと、インターナショナル・センター（留学生センター）を目指して大学に向かった。商店街を越えて、南北に走るエルカミノ大通りの下をくぐったところにある正門から先は、シュロの並木道である。

つきあたりには、スタンフォードのシンボルであるチャペルが見えている。正門を入ってから建物まで約一マイル。時折自転車が追い抜いて行くが、歩行者は一人も見当たらない。

日米文化センターで見たパンフレットには、パロアルトは一年中初夏のように快適だと書いてあったが、テレビの天気予報は、高気圧が居座っているため、日中は華氏一〇〇度（摂氏三七度）を超えると報じていた。湿度が低いので日陰は涼しくても、直射日光を浴びながら歩いていると、吹き出す汗は乾いた空気と日光でたちまち蒸発して、干物になってしまいそうだ。

二〇分ほどで、〝Quadrangle〟と呼ばれるメイン・ビルディングにたどり着いたヒラノ青年は、階段わきのスタンドで買い求めたペプシコーラの大缶を飲み干して一息ついた。

中庭のベンチに腰を下ろして靴を脱ぎ、まめが出来た足の裏をさすりながら、フーバー・タワーとスタンフォード・チャペルの壁画に見とれること数分。横一〇〇m、縦七〇mほどの中庭を取り囲む〝回〟の字状の〝Quadrangle〟は、三階建てのスペイン風建物である。

めざすインターナショナル・センターは、更に五分ほど歩いたところにあった。民家を改造した建物の受付で名前を告げると、奥からダイアン・レインのような美人秘書が姿を現し、「ようこそ、ミスター・ヒラノ。お待ちしていました。私はキャロル・ウィリアムズです」と言って、ヒラノ青年をオフィスの中に招き入れた。整理が行き届いた戸棚からファイルを取り出したキャロルは、「これがあなたのファイルよ」と言ってウィンクした。

〝何という美しい英語、何というチャーミングなウィンクだろう！〟この瞬間、ヒラノ青年の疲れは吹き飛んだ。

キャロルは、新学期が始まる前に済ませておくべき様々な手続き（入学手続き、住民登録、銀行口座の開設、etc.）を説明したあと、矢継ぎ早に質問を浴びせながら、驚くようなスピードでタイプを打ち続けた。それが終わると、別の棚からファイルを取り出し、ホスト・ファミリーの選定に入った。

入学が決まったのは六月に入ってからだから、学生寮には空きがなかった。キャロルによれば、日本からの留学生を受け入れてくれるホスト・ファミリーは、二つしか残っていないが、お奨めは大学の南五マイル（八キロ）のところに位置する、ラルフ・ブラウン氏宅だという。

夕食付きで月五〇ドルという好条件である。問題は大学から遠いことであるが、自転車があれば問題はないという。〝ここに住めば、六カ月の間に一〇〇〇ドルは貯まるだろう。これだけあれば、家族を呼び寄せても何とかなる！〟。

ヒラノ青年が頷くと、キャロルは直ちにブラウン宅に電話をかけた。すると電話口に出たブラウン夫人も、即決でＯＫだという。こうして、一時間もしないうちに下宿先が決まった。アメリカの秘書は有能だという噂は聞いていたが、それにしても何という手際の良さだろう。

ヒラノ青年の留学生活はこうして幕をあけたのである。

2　カルチャー・ショック

インターナショナル・センターを出たあと、アドミッション・オフィスで様々な書類が入った紙袋を受け取り、カフェテリアがあるトレシダー・ユニオン（学生会館）に向かった。アメリカに到着して以来、ろくなものを受け入れていなかった胃袋は、先刻から大きな音を立てていた。

カフェテリアは明るく清潔で、棚には何種類ものメイン・ディッシュとサラダ、デザート類が並んでいた。興奮したヒラノ青年は、巨大なハンバーガーとフライドポテトのセット、アイスクリームが添えられた大きなアップルパイ、そして紙コップにコカコーラをなみなみと注いで盆に載せた。

レジで二ドル二五セントを支払ったあとあたりを見回すと、窓際のテーブルで、日本人と覚しき三人の学生が談笑していた。近づいて「日本の方ですか」と尋ねると、「どうぞ、どうぞ」

と椅子を勧めてくれた。

一人目は、博士課程三年目に入った古賀達蔵氏（機械工学科）、二人目は、文部省・統計数理研究所を休職して博士号を取りに来た松原望氏（統計学科）、そして三人目は、日本冶金から派遣された修士課程の小野山隆氏（物質工学科）である。

小野山氏はヒラノ青年の盆を見て、「Oh, boy !」と叫んだ。二八歳になる男に向かって“boy”とは失礼な奴だと思ったが、これが単に驚きを表現する言葉だということを知ったのは、その後しばらくしてからである。

一方二つほど年長の古賀氏は、「食べ切れなかったら、そこのティッシュに包んで持ち帰ればいいんですよ」と助け舟を出してくれた。しかし心配するまでもなく、大量のジャンク・フードは、空っぽの胃袋にスルスルと納まった。ジャンク・フードという言葉を使ったら罰があたる。こんなに安くておいしいものがあるのかという感動の中で、ヒラノ青年は全てを食べ切った。

食事のあとヒラノ青年は、二年分の知識を貯め込んだ古賀氏から、二時間にわたってレクチャーを受けた。

この大学には、毎年日本から二〇人ほどの留学生がやって来ること。授業が始まると、宿題に追われて、ゆっくり食事をしている時間がなくなること。カンニング（英語ではチーティング）がばれると、即日退学になること。日本食品は、北隣のメンロー・パークにある〝Nak's Oriental Market〟に行けば手に入るが、値段は日本の二倍以上すること。

大学沿いのエルカミノ大通りには、いくつかの日本レストランがあって、一〇ドルくらい出せばスシ、テンプラ、すき焼きなどが食べられるが、五ドルの値打ちもないこと。何かトラブルに巻き込まれても、決して「I am sorry」と謝ってはいけないこと（謝ると訴訟になった時に不利になるから）。

高速道路の向こう側にある黒人居住区には、〝絶対に〟近づかないこと。サンフランシスコに行くときには、ポケットに一〇ドル札を一枚入れておくこと（ホールドアップにあっても、一〇ドル出せば命までは取られないそうな）。猫印と犬印の缶詰は、食べても死なないが、食べない方がいいこと（ペット・フードなるものの存在を知ったのは、この時が初めてである）。

スタンフォード大学教授の六割は、ユダヤ人であること（学生もユダヤ系が多いこと）。工学部はすでにバークレーを抜いて、ＭＩＴ、カルテク（カリフォルニア工科大学）に肉迫し、数年後には全米トップに立つと言われていること。

クォーターバック、ジム・プランケットを擁するフットボール・チームは、パシフィック・エイトリーグで優勝する可能性があること（実際に次の年には、ＵＣＬＡ、南カリフォルニア大学などの強豪に勝ってリーグ優勝を果たしたあと、ローズ・ボウルに出場してオハイオ・ステート大学を破っている）。

これらの言葉は、砂に水が沁み込むように頭に入った。ヒラノ青年はこの二時間で、スタンフォード生活に関わる重要なことの八割を教えてもらったような気がする。そしてレクチャーが終わったあと、ＭＩＴはスタンフォードに横綱の地位を譲り渡していたのである。

古賀氏と別れたあと、ヒラノ青年はホテルに戻ってシャワーを浴びた。ベッドに寝転がって、妻宛てにエアログラム（航空葉書）を書いているうちに五時半を回ったので、背広を着てロビーに下りた。インターナショナル・センターのキャロルのアレンジで、地元の篤志家ロバート・リックレフス家のディナーに招待されていたからである。

ロビーでは、もう一人の青年が人を待っていた。美しい金髪と、小さくて彫りの深い顔、細身の身体を包む高価そうなスーツ。若い頃のジェラール・フィリップのような美青年である。

六時ちょうどに、背が高い中年婦人がロビーに入ってきた。渡米する直前に見た『卒業』という映画に登場する、アン・バンクロフト演ずるところのミセス・ロビンソンのような美人である。この婦人は美青年に向かって、

「I suppose you are Mr. Michelle Le Gall. I am Mrs. Ricklefs. Call me Dorothy」と言葉をかけた。〝I suppose〟というエレガントな表現は、さすが上流階級である。これに対して美青年は、フランス訛りの英語で、

「ありがとう、ドロシー。私はミシェル・ルガルです。お招き頂き有難うございます」と答えた。この人も、リックレフス家に招待されていたのである。ドロシー夫人はヒラノ青年に向かって、「ミスター・ヒラノ。残念ですけど、あなたのファースト・ネームをうまく発音できないの」と言ってにっこり笑った。ヒロシという名前は、アメリカ人にとって発音しにくいらしい。

ホテルから出ると、そこには巨大なリンカーン・コンチネンタルが止まっていた。車に乗り込み互いに自己紹介したところ、ミシェルはエコール・ポリテクニクを卒業したあと、すぐにここにやってきたということだった。所属学科は、ヒラノ青年と同じＯＲ学科である。

車はエルカミノ大通りを北に一〇分ほど走ったあと、アサートンの高級住宅街で止まった。リックレフス邸は二階建ての豪邸で、その主は身長が二メートル近くあるヘリコプター修理会社の社長である。留学生活三年間で、執事と料理人が居る富豪の家によばれたのは、これが最初で最後である。

ディナーはフランス料理のフルコースだった。ジャンク・フードはしっかり胃袋の中に残っていたが、日本男児たるもの、ホストに恥をかかせるわけにはいかない。

リックレフス夫妻と娘アンジェラの視線は、ミシェルに集中していた。会話の中で、この青年はフランスのポー川の河畔にあるお城の主にして、広大なブドウ園主の息子であること、またエコール・ポリテクニクを最優秀の成績で卒業した、ということが分かった。

エコール・ポリテクニクは、フランス最高の理工系大学だから、そこの最優秀学生と言えば、フランスを代表する大秀才だということである。

上品な言葉遣い、洗練されたテーブル・マナー、白くて長い指、そして人をひきつける高貴な微笑み。女性に対しては、〝才色兼備〟という表現があるが、男性の場合はなんと言えばいいのだろうか。

元伯爵の御曹司と抱き合わせの上流階級ディナーは、日本人青年に大きなカルチャー・ショックを与えた。

翌々日、ヒラノ青年はカーディナル・ホテルを引き払って、ブラウン家に引っ越した。この家の主であるラルフは、年の頃四〇代初めのお腹が突き出た電気技師である。ミネソタの工業高校を出てからあちこちを回ったあと、一〇年ほど前にカリフォルニアに移り住み、二年前に大学に隣接する「スタンフォード研究所」に職を得た苦労人である。

今の研究所で働き続けることができれば、それ以上望むことはないが、大学を出ていないので、いつクビになるか分からないと言っていた。

ブラウン邸は土地が約一五〇坪、ベッドルームが三つと大きなリビングに食堂、それにガレージとプールがついていた。これが大アメリカ・中流・小市民の標準的住宅なのである。

家族は三〇代半ばのカレン夫人と、カバのように太った生後六ヶ月のアンドリュー。大の親日家であるカレンが、日本人学生に対して部屋の提供を申し出ていたのである。通学には不便だが、六畳ほどの部屋を夕食つきで月五〇ドルで借りられるのは、家族のためにお金を貯めなくてはならないヒラノ青年にとって、旱天の慈雨である。

〝安かろう悪かろう〟とは言わないが、問題はスプリングが飛び出しているマットレスと、廊下を挟んで向い側の部屋で始終泣きわめいているアンドリュー、そして〝可憐さ〟のかけらもないカレン夫人である。この人は〝過度に〟親切（つまりお節介）で、昔々の日本についてあれこれ知りたがる面倒な人だった。

いきなり茶の湯について尋ねられたが、無教養なエンジニアは何も答えられない。掛け軸に何が書いてあるか説明を求められても、これまたバツ。何を聞いても「分かりません、知りません」を繰り返す無教養男に呆れたカレンは、「それでもあなたは日本人なの!?」と叫んだ。ただ同然で下宿させてやったのは、日本についてあれこれ勉強するつもりだったのに、つまらない奴にあたったと思ったのだろう、次第に態度が冷たくなった。

カレンのご機嫌を決定的に損ねたのは、ディナーに招かれた友人の松原が、これまた質問攻めにあって辟易させられた挙句、「You are a maniac」とやってしまったことである。「あなたは日本マニアですね」と軽い調子で言ったつもりだろうが、アメリカで〝maniac〟と言えば、文字通り〝偏執狂〟を意味する言葉なのだ。この結果、ヒラノ青年は二度とこの人を連れてこないよう申し渡されてしまった。

カルチャー・ショックはひっきりなしに襲ってきた。スーパー・マーケットの駐車場で、中学生と間違われたためか、一〇〇キロを超える大女に、「You can carry my luggage（荷物を運んでおきなさい）」と命令され、カートから車まで荷物を運ばされたり、宿題に追われているのに、週末に開かれる近所の人達とのパーティーに付き合わされて、どうでもいい世間話や八ミリ・スライドに付き合わされたり、はたまたカバのお守りを頼まれたり。

さらにシャワーを浴びていたらお湯のタンクが空になり、その直後にシャワーを浴びようとしたカレンに、意味不明の罵声を浴せられたりもした。〝アメリカでは、蛇口からお湯が無限にでてくる〟という言い伝えは嘘なのだ。

インターネットがなかったこの時代、アメリカ留学はいわば〝大陸送り〟だった。手紙は一往復で一〇日くらいかかったし、国際電話をかければ、三分で一二ドル（四〇〇〇円）も取られた。もっとも電話しようにも、ヒラノ青年の家には電話などなかったが。

〝健太郎が熱を出したので、これから病院に連れて行くところです〟という手紙が来たあと、一週間以上音沙汰なしとなれば、心配はむくむく膨れ上がる。夕食の際に、「女房から手紙が来ないので心配だ」と呟いたところ、カレンに「夫婦が三ヶ月離れて暮らせば、離婚されても仕方がないわよ！」と一喝され、気分は落ちるところまで落ちてしまった。

ちなみにラルフは、仕事熱心が祟って奥さんに逃げられたあと、ハイミスのカレンと一緒になった好人物である。

こうしてヒラノ青年は、極安下宿代にうしろ髪を引かれながらも、ドイツ軍婦人将校のようなカレンから逃げ出す算段を始めた。サドルを一番低くしても、ペダルの先に足が届かない古自転車で、八キロの道のりを通学するのは楽でなかったし、この冬は雨が多いという予報が出ていたからである。

ここに運よく見つかったのが、大学に隣接する高級住宅地メンロー・パークの一戸建て住宅である。敷地が三〇〇坪くらいあって、一五畳、一〇畳、八畳程度の三つのベッドルームと、トイレ、バスが二つずつ、そして二〇畳のリビングと二〇畳の客間、さらに一五畳ほどの食堂にはバーまで付いていていた。

プールはなかったものの、大アメリカ・上流・リッチマンの邸宅は、中日本・中流・小市民が住んでいた、五〇平米の鶏小屋の一〇倍近い広さがある豪邸だった。

アーサー・アンダーセンに勤める会計士が、コロラド州のデンバーで仕事があるので、留守にする一年間、月一五〇ドルで貸してくれることになったのである。一五〇ドルといえば、六五平米の大学の家族寮と同じ値段である。

二八歳になるこの日まで、一度も一人暮らしの経験がなかったヒラノ青年は、隣の家まで三〇メートル、向いの家まで六〇メートルもある大邸宅に移り住んでから、重度のノイローゼに罹った。

日が暮れると玄関脇の客間に閉じこもり、ドアに鍵をかけ、内側に椅子をセットした上で、電気をつけたまま眠る生活を続けた。大学周辺は比較的治安がいいとされていたが、銃社会アメリカで強盗に襲われたら、一巻の終わりである。

四〇マイル先のサンフランシスコでは、年に六〇〇人が拳銃で命を落としているし、高速道路の反対側にある黒人居住地でも、年間数十件の殺人事件が起こっている。

ノイローゼになる理由は、これ以外にも沢山あった。宿題と資格試験についてはあとで詳しく書くとして、最大の心配事は核戦争だった。キャンパスに点々と設置されたドクロ印の核シェルターと、近くの山に設置されているミサイルと覚しき物体が、昼となく夜となくヒラノ青年を脅していた。

核戦争の一歩手前まで行ったキューバ危機のときに、死ぬほどの恐怖を味わって以来、ヒラノ青年は核戦争の悪夢にうなされていた。ベトナム戦争が激化する中で、米ソ関係はますます悪化し、世界終末時計は四分前を指していた。

この三年ほど前に公開された『博士の異常な愛情』に描かれたように、つまらないことで核戦争が起こり、世界が破滅することもありうる、とヒラノ青年は本気で思っていた。ところがアメリカ人は、水爆が落ちてきても、核シェルターに逃げ込めば、生き残ることが出来ると考えている、〝おめでたい人たち〟なのだ。

アメリカ各地では、ベトナム戦争反対のキャンパス騒動が頻発していた。スタンフォードはブルジョアの子弟が多いところなので、バークレーやウィスコンシン大学ほどではなかったものの、右派勢力の拠点と目される「フーバー研究所」への投石・焼打ち事件が起こった。

学生たちは、いつ来るとも知れない徴兵令状に脅えていた。ここで徴兵されれば、ほぼ間違いなくベトナム送りになる。そうなれば、五人に一人が戦死という苛酷な二年が待っている。一方徴兵を拒否すれば、刑務所にぶち込まれるだけでは済まない。非国民のレッテルを貼られて、まともな仕事に就けなくなるのである。

第二次大戦末期の日本では、多くの大学生が学徒出陣して命を落としているが、アメリカでは現在進行形で、〝赤紙徴兵〟が行われていた。実際一〇月末には、同期生のジョセフ・フィクセルが、徴兵を受けたため姿を見せなくなった。この人と親しかったミシェルによれば、〝カナダに逃げると言っていたが、逃げ切れたかどうかわからない〟ということだった。

実はヒラノ青年が、出発ギリギリになって入学許可をもらうことができたのは、徴兵にあった二人の学生が、入学を辞退したためだったのである。

このような状況では、投石・放火が起こっても仕方がないとは思いつつも、ヒラノ青年はこれがキャンパス暴動、大学閉鎖に繋がらないよう願っていた。たとえ一週間でも閉鎖されると、博士号取得に影響が及ぶからである。

ちなみに暴動で死者が出たバークレーでは、ロナルド・リーガン知事（のちのレーガン大統領）の指示で州兵が導入され、数週間にわたってキャンパスが閉鎖されている（ずいぶん後で知ったことだが、「フーバー研究所」が放火された時には、スタンフォードでもキャンパス閉鎖が検討されたということだ）。

ブラウン氏は学生たちに同情的だったが、カレン夫人は徴兵忌避を厳しく批判していた。「兵役はアメリカ市民の義務であり、それを逃れようとするのはもってのほか」というカレンの言葉を聞きながら、将来あの〝カバ息子〟が徴兵されても、同じことを言うのだろうかと思いはしたが、ともかくこれはアメリカ人の問題であって、外国人には関係がないことだと考えていた。

ところが一一月に入って間もなく、米国海兵隊事務所からヒラノ青年に〝赤紙〟が送られてきたのである。そこには、〝このたび貴殿は、名誉ある海兵隊員候補に選ばれましたので、一週間以内に海兵隊事務所に出頭して下さい〟と書いてあった。

〝留学生に召集令状⁇　何かの間違いだろう〟と思ったが、心配なのでサンフランシスコの日本総領事館に相談に出かけた。すると、令状を見た領事館員はこともなげに、「あなたにも来ましたか。それでどうなさいますか」と聞くではないか。

説明を聞くと、アメリカで住民登録した一定年齢幅の男性は、たとえアメリカ市民でなくても、ランダム抽出で徴兵の対象になるという。徴兵された学生の代わりに入学を許可された日本人留学生が、徴兵されることになったのだ。この時期に海兵隊に入隊すれば、間違いなくベトナム送りである。

「二年間の兵役を済ませれば、グリーン・カード（アメリカ永住資格）を手に入れることが出来ます。また兵役を拒否すれば、本国送還になるかもしれませんが、それでもよろしいですか」と聞かれたヒラノ青年は、その場にへたりこんでしまった。

〝博士号を取るためにアメリカに来たのに、徴兵を拒否すれば帰国するしかない。もうおしまいだ――〟。家に戻ったあと、電話でカレンに一部始終を報告したが、相手は慰める言葉もないようだった。帰国するしかないと考えた青年は、眠れない一夜を過ごした。

ところが翌朝、インターナショナル・センターのキャロルに問い合わせたところ、〝グリーン・カードを申請する権利を放棄します〟という書類にサインすれば、留学生は徴兵が免除されることが分かった。そこでヒラノ青年は、その日のうちに市役所に出かけて、グリーン・カード申請放棄の書類にサインした。

しかし、領事館員ともあろうものが、このような基本的なことを知らないはずがない。この時ヒラノ青年は、〝外務省が米国に対する協力の姿勢を見せるために、日本人留学生をベトナムに行かせて、点数稼ぎをしようとしたに違いない〟と判断した。

日本人を守ってくれるはずの領事館員が、実はアメリカのエージェントだとするなら、いざというとき誰を頼ればいいのか。〝留学生は棄民なのか？〟。あとになって知ったことだが、グリーン・カードと引き換えにベトナム行きを受諾して、命を落とした外国人留学生が大勢いたという。

こうしてヒラノ青年は、憧れのアメリカに足を踏み入れたあとわずか二ヶ月で、合衆国市民になるための権利を、永久に放棄することになったのである。

次々と襲ってくるカルチャー・ショックとホームシックのお蔭で、ヒラノ青年のノイローゼは、パニック症候群に格上げされた。〝このまま一人暮らししていたら、発狂するかもしれない〟。恐怖から逃れるただ一つの方法は、毎週出される大量の宿題解きに集中することだった。

3　博士号パラノイア

ヒラノ青年には、小・中学校時代を通じて〝開校以来の秀才〟と呼ばれた兄が居た。母はこの兄を、東京大学理学部に入学させて、数学科の教授にしたいと考えていた。〝その近道は、全国で最も多くの東大合格者を出している日比谷高校に入れることだ〟。

こう考えた母は、夫と次男を静岡に残し、長男と三歳の三男を連れて東京に出た。昭和二七年のことだから、まだ教育ママと言う言葉はなかったはずだが、ヒラノ青年の母は正真正銘・之繞（しんにゅう）つきの教育ママだった。

母が長男の教育に力を入れたのは、東大の数学科を出たものの、不運が重なって博士号を取り損なった夫が、地方大学でもなかなか教授にしてもらえなかったからである。才能があったはずなのに、それが開花しなかったのは、山形から上京するのが遅かったせいだ、と母は信じて疑わなかった。

長男は東大に入ったが、入学先は母が希望する理学部ではなく法学部だった。あてが外れた母は、「お前は真理の探究を捨てて、権力者の手先になるつもりか」と兄をなじった。

諦めが悪い母は、出来が悪い次男（ヒラノ青年）に圧力をかけた。次男は母の圧力と、スプートニク・ショック後の理工系ブームに後押しされて、東大の理科一類に入った。しかし、全国から集まった秀才たちを目にして、数学者も物理学者も務まらないことを知った。

この結果次男は、理学部ではなく工学部の応用物理学科に進んだ。期待を裏切られた母は、「折角育ててやったのに、お前は職人になるつもりか！」と言い放った。

ところがこの学科には、数学者になろうとは思わないが数学者より数学力がある人、物理学者になりたいとは思わないが物理学者より物理に強い人が集まっていた。これらの秀才に取り囲まれて、ヒラノ青年は完全に自信喪失した。

それにも拘わらずヒラノ青年は、自分が生きる道は〝研究者〟しかないと思っていた。企業に入って、与えられた仕事を器用にこなしていけるとは思えなかったからである。国の役に立つ研究が出来る組織は、大学と国の研究機関だけだ、という思いもあった。

理工系大学の場合、博士号を持っていることが、教授になるための最低条件である。博士号がなければ、たとえ地方大学でも教授にはなれない。ところがヒラノ青年が所属した研究室では、三年に一人の特別に優秀な学生以外は、博士課程に受け入れてもらえないことになっていた。博士号を取っても、就職先は限られていたからである。

親の反対を押し切って学生結婚したため、アルバイトばかりやっていて勉強に身が入らなかったヒラノ青年は、低空飛行で修士課程を終えたものの、博士課程には入れてもらえなかった。国の研究機関はどうかと言えば、機械や電気などの研究機関はあっても、数理工学やＯＲの研究をやっているところはない。

民間勤めでも、優れた研究業績を挙げれば、大学に論文を提出して博士号を取る道は開かれている。しかし、それは誰もが納得する重要な成果を導いた場合に限られる。つまり、その可能性は極めて小さいということである。

事実、この学科の先輩の中には、優れた人が大勢居たにも拘らず、民間機関に出たあと大学に論文を提出して博士になった人は、一人も居なかったのである。

企業人を志す人にとっては、博士号がなくてもどうということはない。しかし、大学教授という職業に就きたいと思っている青年にとって、博士号は究極の目標だった。

ついこの間まで、適当にやればいいと考えていた青年は、スタンフォード大学入学が決まってから人が変わった。博士号を手に入れる、またとないチャンスが巡ってきたのだ。

スタンフォード大学は、一九五〇年代以来、数理科学における世界の中心地だった。特に、コロンビア大学と双璧と称される「統計学科」と、〝社会・経済分野における数理的手法の研究〟を行う研究施設では、ゲーム理論、数理経済学、数理統計学、在庫管理理論など、時代に先駆けるさまざまなテーマが研究されてきた。

ＯＲというのは、数理的手法を用いて、企業や公共機関における様々な〝最適化問題〟を解決するための学問である。その基礎となるのは、線形計画法をはじめとする「最適化理論」と「確率・統計学」である。

これらの分野で実績があるスタンフォードが、「大学院・ＯＲプログラム」を発足させたのは一九六五年である。このプログラムには、全米各地からよりぬきの学生が集まってきた。そしてその成功に後押しされて、二年後の一九六七年に、正式学科に格上げされたのである。

発足当時の「ＯＲ学科」には、「一般不可能性定理」のケネス・アロー教授、「線形計画法」のジョージ・ダンツィク教授、「カルマン・フィルター」のルドルフ・カルマン教授という三大看板のほかに、新進気鋭の六人の教授がいた。

また統計学科、数学科、工業経済システム学科、ビジネス・スクールなどに所属する、総勢一ダースに及ぶ〝豪華絢爛な〟教授陣が、ＯＲ学科の教育に協力していた。

世界最高のＯＲ学科に入学したヒラノ青年は、〝これまでの蓄積を生かせば、二年で博士になれるかもしれない。少しでもチャンスがあるなら、チャレンジすべきではないか。ここで取れなければ一生取れないだろう〟と考えた。

　そこで新学期が始まる前に、助言教官であるジョージ・ダンツィク教授のオフィスを訪れ、

「すぐに博士論文に取りかかりたいので、よろしくお願いします」と頼んでみた。

　日本では、博士課程に入った学生は、その日から指導教授のもとで論文を書くことになっていたからである。すると教授は、

「まず学科が指定する八つの科目を履修して、平均Aマイナス以上の成績を納めること。そのあと、三月末に実施される資格試験を受けること。論文指導教授が決まるのは、この試験に合格してからである」と仰る。想定外の事態に、ヒラノ青年は蒼白になった。すると教授は続けて、

「普通の場合、資格試験に合格してから博士論文が完成までに二～三年かかるが、一年で終わる人も居ないわけではない。君はGREの成績がいいから、その可能性はあると思う。私も最大限力になるから、ともかく今はしっかり勉強して、資格試験でいい成績を取ることだ。日本から来た最初の留学生として、教授たちは君に注目しているので、頑張ってほしい」と、青ざめる青年を慰めた。

　普通なら三年以上かかるが、来年三月の資格試験に合格すれば、二年間で博士号取ることも不可能ではない、ということだ。そこでヒラノ青年は、一年目の秋学期と冬学期に、資格試験

がカバーする八科目すべてを履修し、翌年三月に資格試験を受けようと考えた。二年で博士号を取るには、これが絶対の条件である。

スタンフォード大学の一学年は、秋・冬・春の三学期と、社会人向けのサマー・スクールからなっている。一学期は、一〇週間の講義と一週間の試験の合計一一週間で、各科目は五〇分講義が週三回（月・水・金）ないし、七五分講義が二回（火・木）である。

日本と違って、アメリカの大学では、一時間の講義に対して三時間分の宿題が出る。宿題の採点を受け持つのは、資格試験に合格した博士課程のティーチング・アシスタントである。

成績評価は宿題が五〇％、試験が五〇％である。平均成績がB以下になると退学勧告が出るから、学生は大量の宿題を解かなくてはならない。誰かに相談したくても、留学生には相談相手がいない。

アメリカの標準的教科書、たとえばダンツィク教授が一九六三年に出した、『線形計画法とその拡張』という教科書（日本では、教科書ではなく専門書だと見做されていた）は、六〇〇ページのボリュームがあって、各章にそれぞれ一ダースほどの演習問題が掲載されている。

講義担当教官はこれらの問題から、一時間の講義につき、〝平均的〟学生が三時間程度の時間を要する問題を宿題として与える。ほぼ毎週出される問題の中には、一〇分程度で解けるものから、一時間くらいかかるもの、そして一時間以上かけても解けないものが含まれている。レベルが高い大学の〝平均的〟学生が三時間かかる問題は、レベルが低い学生にとっては六時間かかる。その上、レベルが高い学生にも、簡単には解けない問題が混ざっている。

単位を取るだけであれば、七割程度解けばいい。しかしAを取るには、八割以上解かなくてはならない。そして人気がある教授に論文指導を引き受けてもらうためには、宿題で平均九〇点以上取ったうえで、試験でもAを取り、資格試験を上位でパスすることが必要なのである。

ヒラノ青年はすべての問題を解くため、講義の空き時間はもちろん、大学への行き帰りの時間も問題解きをやっていた。歩きながら（あるいは自転車をこぎながら）勉強するのは、二宮金次郎以来の日本人の特技である。

一年間（三単位×三学期）七五時間の講義と、二七〇時間（実際には三〇〇時間以上）の宿題で、学生たちは教科書に載っている問題をあらかた解かされる。毎学期五つの科目を履修すると、一年間で五〇〇ページの本を丸々五冊、はじめから終りまで読んで、問題解きをやらされることになる。これだけ勉強すれば、〝分かったぞ〟という感覚が手に入る。

あれから四〇年以上を経た現在でも、この詰め込みシステムは堅持されている。そして、講義内容が年々新しくなっていくのに対して、制度そのものには全く変化がない。少しずつ制度を変更している日本と比べると、その頑健性は驚くべきものである。

この大学では、助言教官の同意がなければ、一学期に一五単位以上履修してはいけない、というルールがあった。一五単位といえば、月・水・金に五〇分授業を三つと、火・木に七五分講義を二つ取れば、あとはスケジュールがブランクになってしまう。

一方（当時の）東大工学部では、月曜から金曜までは、朝八時から午後三時まで一〇〇分授業が三コマ、そして三時以降は六時まで実験と演習が続き、土曜も昼まで講義があった。つまり時間割は、朝から夕方までビッシリ埋まっていたのである。

しかし、それだけ多くの講義を受けても、単位を取るのにさほど苦労はしなかった。なぜなら、ほとんど宿題が出なかったからである。出しても、それを採点するティーチング・アシスタントがいない。採点しなければ、学生は本気にならない。たまに出しても、学生は友人の回答を丸写しする。

かようなわけで日本の工学部では、授業にきちんと出席して、試験前に三週間ほど本気で勉強すれば、単位が転がり込むようになっていたのである。

大学院に入ってからは、修士課程の二年間に、一〇科目以上を履修することになっていたが、学部並みにきちんとした講義が行われたのは、一科目だけだった。この当時の工学部教授にとって、学部の付属機関である大学院での講義は、片手間仕事に過ぎなかったのである。

宿題と言っても、たかが知れているだろうと甘く見たヒラノ青年は、第一学期に七科目二一単位を履修する計画を立てた。しかし講義がはじまってみると、オールAを取るためには、五科目一五単位が限界であることが明らかになった。

同期生一五人のほとんどは、MIT、カリフォルニア工科大学、プリンストンなどの一流大学を卒業したばかりの若者である。スタンフォード出身者が一人もいないのは、アメリカの大学では、自校の卒業生を受け入れるのは望ましくない、と考えられているからである。

一五人の中で、二番目に歳を取っていたヒラノ青年には、（GREの偏差値が七五点であることが示す通り）それなりの蓄積があったから、宿題に要する時間は平均的学生の二割引き程度で済んだはずだ。しかし、七科目全部でAを揃えるためには、毎日一四時間ずつ勉強しても足りないのである。

学期が始まると、ゆっくり昼ご飯を食べている時間もなくなる、という古賀先輩の言葉は本当だった。毎晩二時過ぎに寝て、六時には起きる青年にとって、夏時間から冬時間に切り替わる日に、一時間余分に眠れることがどれほど嬉しかったか、お分かりいただけるだろうか。

キャンパスの中心にあるヘンリー・メイヤー・ライブラリーには、六〇〇以上の座席があるが、いつもほとんど満席である。修士課程の学生はもちろん、博士課程の学生も、資格試験にパスするまで研究室は与えられないから、勉強する場所は空いている教室と図書館しかないのである。

大量の宿題について、学生の才能を伸ばすためには自由に勉強させた方がいい、という意見もある（東大教授のような大秀才の中には、このようなことを言う人が多い）。しかし、そのような学生は一〇〇人に一人ではないだろうか。また自己流で勉強していると、思いがけないところに穴があって、基本的な事実を知らない可能性もある。

オリジナルな仕事をするためには、その分野で知られている重要な結果を、〝分かった感覚〟で理解しておくことが不可欠である。そして、この〝分かった感覚〟を身につけるには、厳選された多くの演習問題を完璧に、しかも独力で解くこと以上の方法はないのである。

博士課程の学生はすべてライバルだから、彼らと友人関係を築く時間も心のゆとりもなかった（口をきくようになったのは、資格試験が終わったあとである）。ただ一人の例外は、ミシェル・ルガルだった。

リックレフス家のディナー以来、ヒラノ青年はフランスを代表するエリートに、好意と敬意を抱いた。はじめのうちは一日の長があったヒラノ青年は、六つ歳下のこの人に、宿題の解き方を教えたこともある。そして、たちまち追いついてくる青年に喝采を送った。

当初ヒラノ青年は、一年目の三月に資格試験（二日にわたる各五時間の筆記試験）を受ける計画を立てた。ところが前年には、一五人中七人が不合格になって、退学勧告を受けたという。世界中から折り紙つきの学生を集めておきながら（ちなみに、ＯＲ学科の博士課程に受け入れてもらえるのは、一〇人に一人だと言われていた）、その半数が退学とはどういうことか？

そこで過去数年分の試験問題を調べたところ、期末試験より遥かにレベルが高い問題が並んでいた。

〝この問題で合格点（七五点以上）が取れる確率は、六〇％くらいではなかろうか。ここでギャンブルして退学になるより、もう一年勉強して確実に資格試験にパスして「博士候補生」になり、日本に帰ってから論文を書くという手もある。資格の有効期間は五年だから、アメリカに居る間にいい研究テーマが見つかれば、何とかなるのではないか――〟。

ところが次の瞬間、悪魔が囁く。

「日本に戻って、ぬるま湯の中で論文書きができるのか!?　ダラダラ過ごしているうちに、あっという間に五年経ってしまうぞ」

〝そうだ。日本に戻ったらおしまいだ。何が何でも、三月の資格試験にパスしなくてはならない――〟。

あとで知ったことだが、博士候補生になって日本に戻り、その後博士号を取った人はほとんどいないということだ。（インターネットが出現するまで）博士号を取るためには、再渡米して指導教官のもとで論文を書く以外の方法はなかったのである。

4　墜落

「夢のカリフォルニア」の歌詞にもあるとおり、南部カリフォルニアには、夏の間一滴の雨も降らない。半年以上にわたって、毎日紺碧の空から太陽が照りつけ、キャンパス外れにあるラグニタ湖は、六月末には完全に干上がってしまう。

七月、八月は爽やかな〝初夏〟が続く。ところが九月になると、内陸から吹き出す熱風で昼間の気温は四〇度を越え、エアコンがない車の中は灼熱地獄と化す。

しかしこのような暑さも一～二週間で終わり、大陸の上に居座っていた高気圧が勢力を弱めるに従って、涼しさが戻ってくる。やがて、アラスカからカナダ、オレゴンを斜めに横切って、次々とカリフォルニアに押し寄せる寒冷前線は、南北に伸びるシェラネバタ山脈で大量の雨雲を作り出した。

一一月はじめから降り出した雨は次第に激しさを増し、クリーク（小川）を流れる水は、日に日に高さを増していった。メンロー・パークの豪邸は、このクリークに隣接しているから、溢れ出した水が家を押し流してしまうのではないかと考えると、気が気ではなかった。

九月末に始まった秋学期は半ばにさしかかり、中間試験が迫る中、沛然と降りしきる雨音を聞きながら、ヒラノ青年は明け方近くまで宿題に追われていた。

一九六八年一一月二二日、サンクスギビング休暇に入った日の朝、ヒラノ青年は家族を迎えるために、カレンが運転する車でサンフランシスコ空港に向った。夜半からの雨は上がっていたが、パロアルトの空には鼠色の雲が垂れ込めていた。

国道一〇一を北上するにつれて、雲は高度を下げ始めた。太平洋から押し寄せる雲を遮っている山脈が、次第に高さを減じるためである。そしてレッドウッド・シティーを越えるあたりからは、道路標識が見えなくなるほどの低い雲が流れていった。

心配になったヒラノ青年は、カレンに訊ねた。

「こんな天候でもうまく着陸できるでしょうか」

「この程度の霧は毎度のことよ。それにＪＡＬのパイロットは、パンナムよりずっと腕がいいから心配ご無用よ」

「そうですか」

〝霧のサンフランシスコ〟に隣接する空港では、この程度の霧は普通のことだと言われてしまえば、それで話はおしまいである。またＪＡＬ〇〇一便は、日本航空が最も大切にしているドル箱路線だから、選りすぐりのパイロットが配置されているはずである。

そう考えると少し気が楽になったが、それにしても悪い日に呼び寄せてしまったものだと、当初の予定を一週間早めたことを深く悔やんでいた。考えてみれば、ケネディ大統領が暗殺されたのは五年前のこの日だった。

パスポートとビザ申請、そして何種類もの予防注射が必要とされたこの時代、アメリカに渡航するには大変な時間とお金が必要だった。しかも三歳と一歳の子供連れときている。飛行機代を払ったあと、妻の手元に残った現金は二万円ぽっきり、という侘びしい状況の中で、一一月二九日のフライトが確定した。

しかし、家族に会いたい一心のヒラノ青年は、大金をはたいて妻にパーソン・トゥー・パーソンの国際電話をかけ、一日も早く来てほしいと懇願した。この結果、日程は一週間繰り上がり、妻と二人の子供たちは、運命のＪＡＬ〇〇一便に乗り合わせることになったのである。

飛行場に着いたヒラノ青年は、霧が晴れて行くのを見て、少しずつ不安が薄らいでいった。搭乗者名簿に家族の名前があることを確認し、フライトボードに定刻通り九時半到着の掲示があるのを見て、そろそろハーフムーン・ベイにさしかかった頃か、それとも山を越えてスタンフォード上空を飛行中かと、一分ごとに飛行機の位置を想像して、ワクワクどきどきしながら到着アナウンスを待った。

あと五分、あと二分、そして定刻。これを何回か繰返しているうちに、時計は一〇時を回った。不安を抑えるために、もう一回、またもう一回と経路を想像してみた。しかし、一〇時を一五分過ぎても到着表示は出なかった。

たまりかねたヒラノ青年は、JALの業務を代行しているパンナムのカウンターで、「JAL〇〇一便は何時に着くのか」と訊ねた。すると白人女子職員はこともなげに、「It has dropped. No further information（その飛行機は墜落しました。それ以上のことは何も分かりません）」と答えた。

ロボットのように無表情な女性は、茫然としているヒラノ青年の腕を取り、到着ゲートの手前にあるVIPルームに案内した。部屋には二〇人ほどの出迎え客が集まっていた。若い娘は声を上げて泣きじゃくり、老婦人は気を失ってソファーの上に身を横たえていた。〝ここは黄泉の国の入り口か?〟

アラスカからの寒風が流れ下るサンフランシスコ沿岸は、夏でも水温は一〇度くらいしかない。しかも沢山のサメが棲息している海域である。サンフランシスコの霧は、太平洋の湿気がこの寒流で冷やされることによって発生するのである。

アメリカ大陸に到着する前に墜落したのだとすれば、機体は海底に沈んでしまっただろう。そうでなくても、二人の幼児を連れた妻が助かる見込みは万に一つもなかった。

母の反対を押し切って学生結婚したのは五年前だが、ここ二〜三年は当初の激情が嘘のように、夫婦関係は冷めたものになっていた。ヒラノ青年は、ものの弾みでロクサーヌ姫と一緒になったシラノ・ド・ベルジュラックだった。

〝自分の女々しさを知られないためには、ロクサーヌの心の中に踏み込むのは避けた方が賢明だ〟。またロクサーヌも子育てに精一杯で、シラノが何を考えているのか知る必要はない、と考えているように見えた。

このようにヒラノ夫婦は、互いに相手に深入りしない冷めた関係に入り込んでいた。単身赴任が条件とされている留学を受け入れることが出来たのは、このような結婚生活を送っていたためである。また妻が、一言も文句を言わずに夫を送り出してくれたのも、夫の存在がバーチャルなものに過ぎなかったからだろう。

しかしアメリカにやってきて、立て続けに襲ってくるカルチャー・ショックの中で、ヒラノ青年はこれ以上独りで暮らしていたらおかしくなってしまうと思い始めた。実際、一年以上一人暮らしをしている留学生は、ほとんどすべてがおかしな人だった。

海と日没と月。ヒラノ青年はこれを〝発狂の三条件〟と呼んでいた。海を見るだけで、日本恋しさを募らせるに十分なところにもってきて、太平洋に沈んでいく太陽を見ると、脳味噌がバラバラになる。サンフランシスコの遅い日没は、東京の日の出と重なっているからである

こうして夫は自分の都合で、渋る妻を一週間早くＪＡＬ○○一便に乗せてしまったのである。真白になった頭の中には、〝天罰〟という言葉が回転していた。

周りの人達の蒼白な顔を虚ろな目で眺めていたとき、カレンが「いまの気持ちは〝わびさび〟か」という質問を発した。「違います！」と答えたヒラノ青年は、アメリカ人の無神経さに耐えられない思いを抱いた。

ＶＩＰルームには次第に人が増え、座る席がなくなってきたところに、一旦部屋を出て行ったカレンが戻ってきて、飛行機はサンフランシスコ湾に墜落したが、生存者がいる模様だという情報をキャッチしてきた。郵便局に勤める友人に電話して聞いたと言うのである。飛行機は国際郵便を積んでいるので、事故の報せはいち早く郵便局に届くのだそうだ。

ヒラノ青年はカレンの機転に感心する一方で、それならなぜＪＡＬが直接伝えてくれないのか、と怪訝な気持ちになった。〝どうせそんな話はデマだろう。それに一人や二人の生存者が居たところで、それが幼児を連れた道子であるはずがない！〟。こうしてまた時は流れていった。

一一時半をまわったころ、場内アナウンスで、〝ＪＡＬ○○一便はサンフランシスコ湾に不時着しました。乗客は全員無事の模様〟というニュースが伝えられた。救命ボートで海岸に到

着した乗客を乗せたバスが、間もなく飛行場にやってくるというのである。

ヒラノ青年は本や映画を通じて、世の中ではどのようなことでも起こるということを知っていた。しかし、〝墜落→家族全員死亡→全員無事〟のドンデン返しに、深い谷底を覗いたような恐怖を味わった。

妻と二人の子供は、一二時過ぎに何事もなかったかのような笑顔で、税関のゲートから出てきた。輝いている道子。手を引かれている赤い野球帽の健太郎。そして道子に抱かれて泣いている麗子。

道子と無事を喜び合っていると、青木と名乗るＪＡＬの社員が近寄ってきて、

「お客様を空港までお届けする契約を守ることが出来ず、まことに申し訳ございません。お詫びに運賃は全額お返し致します」と申し出た。三人分の飛行機代となれば、三〇万円を超える大金である。さらに青木氏は、

「海水に浸かった荷物の中身に対する賠償金を、ご請求通りにお支払いさせて頂きます。当座に入用な衣類などを購入して、その代金を手前どもに請求して下さい」と言う。この〝ボーナス付きの悪夢〟が、この程度のボーナスでは償いきれない傷跡を残すことになるとは知らないヒラノ青年は、ＪＡＬの計らいに対して最大限の謝辞を述べた。

メンロー・パークの家に向かう車の中で、妻から聞いた墜落の模様は以下のようなものだった。

「九時半少し前に、間もなく着陸というアナウンスがあったのね。外は一面の雲で、何も見えない状態で飛行機は高度を下げていったの。そして、雲が切れたと思う間もなく、ガタンという衝撃があって窓の外に海が見えたのね」。空港への車の中から見た通り、地上二～三〇メートルのところまで深い霧だったのである。

着水の衝撃で怪我をした乗客もいたという。しかし、「機体の下部が海底に接地しているので、これ以上沈むことはありません」というアナウンスがあったため、機内に海水が入ってきたときも、乗客はパニックを起こさなかったという。妻は、

「救命ボートに乗り移って冷たい海の上を漂流しているうちに、陸地が見えてきたので安心したけれど、ボートの底から伝わってくる海水の冷たさにゾーッとした」と語っていた。

翌日の新聞の一面には、〝一〇〇万分の一の奇蹟。機長の優れた判断で、全員の生命が救われた〟という記事が踊っていた。あと数秒前か後にずれていたら、機体はサンフランシスコ湾をまたぐサンマテオ橋に激突したか、海底に沈んだかのいずれかで、多数の死者――ほとんど全員――が出たはずだという記事を読んで、ヒラノ青年は身体の震えが止まらなかった。

この事故は、日本の新聞でも大きく取り上げられた。朝日新聞の一面には、妻に抱かれて泣いている麗子の写真が載っていた。そして新聞全体が、機長の判断を賞賛する記事で埋まって

いた。

　この事件のお陰で、無断で家族を呼び寄せたことが、勤務先にバレてしまった。ヒラノ青年は所長からお叱りの言葉があるものと覚悟した。しかし、コトがコトだけに文句も言い難かったのだろう。逆にお見舞いの電話を頂戴して首をすくめていた。

　翌日ヒラノ一家は、当面必要になる衣類を買うため、高級品を置いてあるという「メイシー・デパート」に出かけた。青木氏は、好きなだけ買い物をしていいと言ってくれたが、手元に現金がなかったため、買ったのは子供たちの衣類と妻のドレスを二～三着だけ、その金額は二〇〇ドルにも届かなかった。

　午後になって、海水でビショ濡れになった荷物が届いた。中身は衣類と日本食品がほとんどで、値が張るのは妻が母親から譲り受けた縮緬の着物くらいである。

　しかし、言い値で支払ってくれるという青木氏の重ねての申し出に、崖から飛び降りる気持ちで五〇〇ドルと言ってみた。円換算で一八万円、その上、飛行機代まで戻ってくるとなると、全体で一五〇〇ドルという大金が手に入る。

　これだけあれば、余裕を持って暮らせると内心ホクソ笑んだところ、青木氏は、「本社からの指示で、飛行機代の返却は出来ないことになりましたので、この件はなかったことにしていただけませんか」と言う。拍子抜けしたヒラノ青年は、それでも五〇〇ドル＋メイシーの支払いで十分だと考え、「分かりました、分かりました」と答えたのである。

ところがその後間もなく、JALの背信行為が報じられた。まず、パイロットの英雄的判断で乗客の生命が救われたというのは真っ赤な嘘で、単なる計器の読み違いで墜落したという事実が明るみに出た。

この結果、英雄は一転して犯罪者として糾弾されることになったものの、死者が出たわけではないので、処分は極めて軽いものだった。一年余りの謹慎の後、この機長がまた操縦桿を握ることを知って、ヒラノ青年は二度とJALには乗るまいと決心した。

もう一つは、この飛行機に乗っていたアメリカ人乗客が、弁護士を雇って集団で行った慰謝料請求に対して、JALが乗客一人あたり二万ドル（七二〇万円！）の示談金を支払った、というニュースである。訴訟を行わなかった日本人乗客は対象外である。

「この提案は破格のものなので、内密に願いたい」と言っておきながら、飛行機代の払い戻しをキャンセルした日本航空の態度に、ヒラノ青年は強い憤りを覚えた。

この事故が与えた傷の大きさを考えると、五〇〇ドルで丸め込まれた馬鹿さ加減に憮然たる気持ちになる。その後八年にわたって、しばしば妻の白骨死体とともに暮らしている夢を見たヒラノ青年に、日本航空は何と言って詫びてくれるのだろうか。

5　異常なメキシコ人

カリフォルニアの公共交通機関はミゼラブルだから、車なしで生活するには、馬のような健脚と牛のような持久力が必要である。雨の中、サドルを最も低くしてもペダルの先に足が届かない自転車で、八キロの道を行き来するのは、雨中のラグビー戦と同じくらい辛かった。

孤独に耐えかねた男は、一〇月に入ると一日も早くアメリカに来てくれるよう、妻に手紙を送り続けた。六ヶ月先のはずが、二ヶ月にもならないのに矢の催促は、妻にとって予想外の事態だった。

結婚五年目に入ったヒラノ夫婦は、典型的な倦怠期を迎えていた。二人の子供を挟んだ生活は、巡航速度のジェット機のように、たまに乱気流で揺れることはあっても、すぐまた平凡なフライトに戻っていった。

子供が出来てからというもの、肉体的にも精神的にも強靭になった妻を見て、女というものは変われば変わるものだと驚きつつ、畢竟男の役割は家族の生活を保証することに尽きる、という言い伝えを確認する毎日だった。

妻にしてみれば、いつも夜遅く帰ってきてたちまち鼾をかいて寝てしまう夫など、どこに居ようが大した違いはなかった。〝研究員〟とは名ばかりで、まともに研究しているわけでもない夫を見て、このままでは立ち腐れになると考え、一人で子育てをするのは辛いが、健気に夫をアメリカに送り出したという状況設定も、全くあり得ない話ではない。しかし有意水準五％の統計的検定を施せば、この仮説は棄却されるだろう。

こんなわけだから、半年後のはずの渡米を三ヶ月以上繰上げてもらうには、何らかの魅力的な提案が必要だった。カリフォルニアの青い空と乾いた空気、スタンフォードの美しいキャンパス、そして安くておいしいステーキとメロン。しかしこの程度では、アメリカ嫌いの妻を説得することは出来ない。

ところが、ここに願ってもない幸運が降って沸いた。建坪が四〇〇平米に達する大邸宅である。五〇平米の借家住いの妻にとってかなりの魅力のはずだが、それでも譲歩を引出すには十分でなかった。

そこで夫は、息子の健太郎を味方に引き入れるために、〝高級外車〟を手に入れた。乗物好きの少年にとって、自家用車は抵抗し難い誘惑に違いない。

効果はテキメンだった。図画・工作の成績が2だった男が、精魂込めて書き上げた車の絵と家の図面は、健太郎だけでなく妻の心をも揺さぶった。それは、いつになく興奮した妻の手紙が証明していた。こうしてヒラノ青年は、やっと繰上げ渡米交渉に成功したのである。

この車、すなわち一九六〇年製の赤いプリマス・バリアントは、スピルバーグの出世作『激突』で、主人公のセールスマンが、凶暴なトラックに追いかけられた車と色も年式も全く同じものである。一〇万マイル近く走っているポンコツだから、座席はベロベロで天井からはフサが垂れ下がっていた。

この車はベネズエラの石油王の倅から、二〇〇ドルで買い取ったものである。未来の石油王が、このような酷い車に乗っていたというのはウソみたいな話だが、ベネズエラでも外貨持出し制限があったのだろう。

ポンコツとはいうものの、赤い〝お人形さん〟を手に入れて、ヒラノ青年は有頂天になった。大学を出てたった五年でマイカーを持てるなんて、学生時代には夢想すら出来ないことだった。実際知り合いの中で、自家用車を持っている人といえば、母親が米国大使館に勤めている江藤くらいのものだった。

こんなに早く車が手に入ったのに、残念なことに免許がない。当然ヒラノ青年は、家族が到着する前に免許を取ろうと考えた。その第一関門は法規の筆記試験である。五ドル払って三〇問の設問に○×をつけて、八〇点以上取れば合格である。

しかもこの問題というのが、〝夜間対向車がやってきたら、ライトをハイビームにする。○か×か〟といった程度の子供だましである。その上、問題用紙は六種類しかない。したがって、これを全部集めて勉強して行けば、必ず合格点が取れるのである。さすがは、車がゲタ替わりといわれているアメリカである。

筆記試験にパスすると仮免許が出る。このあとは、助手席に免許証を持つ人が乗っていれば、路上運転してもいいことになっていた。ところが友人たちは、誰もが忙しい毎日を過ごしているから、助手席に座ってくれと頼むわけにはいかない。自動車学校に行けば、一時間当たり一〇ドルも取られる。

そこでヒラノ青年は、エンストを繰り返しながら、家の周辺で運転練習に励んだ。もちろんこれは違法だが、それ以外に方法はなかった。

二週間後、実技試験を受けた。日本と違って、自分の車で路上走行を行う簡単なテストである。縦列駐車などの難しいテストはないと聞いていたが、大通りの左折で対向車とぶつかりそうになって一発で不合格。オートマチック・シフト車であれば、うまくいったはずだが、一〇年以上前のポンコツ車はマニュアル・シフトなので、ギヤチェンジがうまくいかなかったのである。

二週間後にもう一度受けたが、このときは最後に縦列駐車をやらされた。回を重ねるたびに試験を難しくするらしい。試験官はガムをニチャニチャ噛みながら、「You are below standard」と言ってニッと笑った。〝below standard〟とは、〝標準を下回るが合格〟の意味かと思ったが、そうでなかった。

三回目も同じ試験官だった。今度はすべてうまくいったにもかかわらず、「You are still below standard」でまたまた不合格。〝この白人は黄色人種に偏見を持っているのではないか?〟。三回実地試験に落ちると、五ドル払ってまた筆記試験からやり直しである。どのような試験でもそうだが、三回も落ちると、未来永劫通らないかもしれないという気になる。もし受からなかったらどうなるか。車なしで家族四人のアメリカ暮らし。これは想像を絶する厳しさだ。

落ち込んでいるヒラノ青年に対して古賀先輩は、「三回落ちたくらいでくよくよしなさんな。Sさんは五回落ちたそうですよ」と慰めてくれたが、この分では六回受けても通らないのではなかろうか。

こうしてヒラノ青年は、車はあるのに運転できないという情けない状況で、家族をアメリカに迎えることになったのである。

話に聞いていたのと違って、ヨレヨレのポンコツ車を見て、妻は大幻滅した。今にも免許が取れるようなことを書き送っていた父親は、息子が車をなでながら、「パパが免許を取ったら、海に連れていってもらうんだ」とはしゃぐのを見て、絶望的な気持ちになった。

絶え間なく押し寄せる宿題、キャンパス暴動、山頂のミサイル、どくろマークの核シェルター、徴兵ショック、ゴミ集めに来る〝暗闇のような〟黒人、飛行機墜落事故の後遺症（白骨死体の悪夢）、運転免許試験連続四回失敗、間近に迫った期末試験、そして四ヶ月後の資格試験の重圧で、ヒラノ青年は重度の心身症に罹った。

〝アメリカにいる間に博士になれなかったら、一生博士になれない。だとすれば、自分は今の研究所で一生を終えなくてはならない〟。しかし歳を取った研究員の姿を見れば、その空しさは明らかだった。

博士号を取れなかった自分、それは不遇な一生を送った父の姿そのものだった。〝あんなことにだけはなりたくない〟。大学時代以来、ヒラノ青年はいつもこう考えていたのである。

〝博士になれなかったら、父がたどった真暗な道を歩いて行く運命だ。そうだ、勉強だ。何が何でもここで博士になろう。そのためには、誰よりも沢山勉強して資格試験を突破しなくてはならない。勉強だ。勉強だ――〟。

ヒラノ青年は、恐怖から逃れるために、大学受験時代に一度も達成できなかった、一日一五時間の勉強に明け暮れた。

日本にいる間は全てにほどほどだった男は、むき出しの競争社会の中で、眠っていた闘争本能をめざめさせていた。〝俺は絶対に勝つんだ。そして必ず博士になって、親父の無念を晴らすのだ〟。

日本を発つ時には七三キロだった体重は、ハンバーガー、ステーキ、アイスクリーム、アップルパイを食べまくったおかげで、三ヶ月間で六キロも増えた上に、カリフォルニア・サンシャインで褐色に日焼けした男は、〝異常なメキシコ人〟になり切っていた。

もちろん妻は夫の異常さに気が付いていた。飛行場で顔を見たその瞬間から、三か月前の無気力な夫とは似ても似つかぬギラギラした目つきに、〝人が変わった〟と思っていたのである。スーパー・マーケットのレジで激しくやりあって、五セントを取り返して勝ち誇る夫。雨の中を無免許で車を運転して大学に行こうとするので、「やめてほしい」と頼んでも、「この大雨の中を自転車で行けるか」と激怒する夫。

毎日三時間しか眠らずに勉強している夫。何を話しかけても、「後にしてくれ！」と怒鳴る夫。こんな状態でやっていけるだろうかと途方に暮れる妻は、ともかく子供たちだけは守らなくてはならない、と考えていた。

6　アメリカの日本人社会

一〜二週間程度の短期滞在者は別として、アメリカで〝生活〟している日本人は、誰もが大きなストレスを抱えて生きている。まずは言葉の問題。ゴミの収集にやってくる気心が知れない黒人との対応。アメリカ社会にあふれる暴力、拳銃、麻薬、ポルノ、人種問題、そしてむき出しの競争。さらには、閉じられた日本人グループの中のイザコザなど、おかしくなる要因はゴマンとある。

おおげさだと思われる方もいるかも知れないので、スタンフォードの日本人に関する、〝頭がおかしくなった〟ヒラノ青年の観察結果を紹介することにしよう。

アメリカの大学で一年以上〝生活〟する日本人は、三つのグループに分類することができる。第一種は修士コースの学生、第二種は博士コースの学生、第三種が種々雑多な研究員である。この中で最も数が多いのが、修士課程で二年を過ごす、二〇人ほどのビジネスマンである。必要経費はすべて会社が負担してくれるので、これらの人は経済的に恵まれた生活を送っていた。彼らは、日本の代表的企業の選り抜きの人材で、自分の能力に自信を持っている上に、帰国後の心配はないから、精神的にゆとりをもって過ごしていた。また四五単位分の講義を履修すれば、(論文を書かなくても)修士号が手に入るから、一年少々で単位を取り終えた後は、アメリカン・ライフをエンジョイすることが出来る。

これらの人に、「アメリカ生活はどうだった?」と尋ねれば、ほぼ全員が、「一生で最も充実した時間を過ごした」と答えるだろう。そしてヒラノ青年も、博士号取得を諦めさえすれば、彼ら同様にハッピーな生活を送ることができたのである。

一方、六人の博士課程学生のほとんどは、どの組織にも所属することなく、大学からの奨学金を頼りに、長期戦を覚悟やってきた一匹狼である(一年後にやってきた、鳩山由紀夫・元総理のような大富豪の倅もいたが)。

平均成績がBを下回れば奨学金を打ち切られるし、資格試験に失敗すれば退学勧告が出るから、これらの人は点取り虫に徹していた。たとえば、通産省を休職して博士号を取りにきた経済学科の田村氏は、時間に余裕がある修士課程の日本人との付き合いを避けるため、資格試験が終わるまでは中国人を装っていたほどである。

資格試験にパスしても、博士号が手に入る保証はない。彼らは二〜三年かけて論文を書くのであるが、四年以上かかる人も少なくない。ヒラノ青年が知る限りでは、日本人の最短記録は二年、最長記録は一五年（！）である。七年頑張ったが、博士号を取れずに日本に帰った人もいた。

このような苛酷な競争に自ら身を投じようとする人の多くは、日本人離れした人である。アメリカ人よりアメリカ的な人。日本の大学や企業では、自分の才能が正当に評価されていないと考え、組織を飛び出してきた不適応タイプ。

中にはお金持ちのボンボンや、アメリカ大好き奥さんに尻を叩かれて、しぶしぶやってきた人も居たが、ほとんどすべてがアメリカで箔を付けて、いいポストにありつこうという人だった。

文系の学問の場合、当時の日本で博士号を取るのは容易でなかった。そもそも文系大学には、博士号を持たない教授が大勢いた。哲学者の間では、博士号を持つ教授は変人だと見做されていたくらいである。

博士号がない教授は、滅多なことでは学生に博士号を出さない。したがって、文系の研究者にとっては、アメリカの一流大学で博士号を取ることが、日本でいいポストを手にするための最も効果的な方法だったのである（実際、博士号を取った人の多くは、帰国後にいいポストを手に入れた）。

もともとアメリカが好きでやってきた人は、資格試験が終わるころには、かなりの〝アメリカ人症候群〟に罹っている。こういう人が、競争社会を勝ち抜いて博士号を取る頃には、完全なアメリカ人が出来上がっている。

世界で一番豊かな国アメリカで、ひとたび〝勝者〟の味を知った人は、一生その素晴らしさを忘れることは出来ない。自分の才能が、日本では正当に評価されないと考えている人にとって、才能を一〇〇％正当に評価してくれるアメリカは、夢のような素晴らしい国に映る。そして彼らは、勝者の美酒を味わっているうちに、完全にタガが外れてしまうのである。

アメリカの大学で三年以上留学生活を送った夫婦の二組に一組は、帰国後離婚する、という調査報告があるが、それは超競争社会で受けたストレスが原因ではなかろうか。

修士課程の学生も、二年のアメリカ生活でかなりアメリカ人化が進んでいる。しかし日本の企業は、ＭＢＡ（経営学修士号）や工学修士号を取っても、特別扱いすることはなかった。したがって、ほとんどの人は一年ほどで元の日本人に戻る。

アメリカで学生生活を送った人が、日本人に戻ることができるかどうかの分かれ目は、二年である。滞在期間が二年以下であればほぼ問題ないが、三年を越えたら難しい。

アメリカの大学で生活する第三種の日本人は、各種の〝研究員〟である。

その中で最もグレードが高いのが、才能と業績を評価されて、有力教授に招待された研究者である。彼らは、一流の研究者に伍して研究に励み、一年後に日本に戻る。二番目が、企業や国の研究機関から派遣された若手の研究者で、ドン尻が文部省の在外研究員としてやってきた、文系の年配教授である。

若手はともかく、ある年令以上の文系教授は、特にこれといった目的もなく、骨休めにきた人がほとんどである。図書館で日本の新聞を隅から隅まで読んでいるのは、大体こういう人である。

これらの人達が構成する日本人社会には、様々なトラブルが発生する。男女関係、金銭トラブルはどこの世界にもあることだが、ここでしか起こらないのが、食べ物の貸し借りを巡るトラブルである。〝インスタント・ラーメンを三つ貸したのに、二つしか返してくれない〟、などなど。

もっとややこしいのが、奥様方の確執である。二〇代半ばの活動的な奥様たちは、白百合、東洋英和、双葉の卒業生が多かった。これらの人は一様に英語がペラペラで、完全にアメリカ社会に溶け込み、アルバイトで足りないお金を稼いでいた。秘書や司書はともかくとして、中にはジャニター（雑役婦）をやってお金を稼ぐ生活力のある人達もいた。

ヒラノ青年はここで面白い法則を発見した。奥様たちの多くは、幼い頃からアメリカ暮らしに憧れていて、アメリカに連れていってくれそうな男を探していた、ということである。

二〇代後半に留学が決まると、大抵の男は結婚してから行った方がいいと考える。そこでアタフタとお見合いするのだが、ここに網を張っているのが上の御三家の卒業生をはじめとする、

〝アメリカ大好きお嬢様〟なのである。

もう一つの重要な発見は、アメリカ大好き女性の御主人は、おとなしい好人物が多いということである。積極的な奥さんを持っている旦那はおとなしい、積極的な男の奥さんは概しておとなしい。これをもってヒラノ青年は、留学生カップルの「総和一定の法則」と呼んでいる。

このような日本人コミュニティの中で、ヒラノ夫人は異質な存在だった。アメリカが嫌い、英語が嫌い、人付き合いが苦手な純日本人の妻は、アメリカ暮らしに最も似合わない女だった。夫のアメリカ留学が決まった時、妻は子供たちとともに日本に留まるつもりだった。二年の間に子供たちが日本語を忘れてしまえば、大きなハンディキャップを背負うことになるし、難病を患う母親を放り出してアメリカに行くのは気が重い。

〝幸い単身赴任が条件だから、この際一人で行ってもらいましょう。研究所長が言うとおり、足手まといになる自分たちがいるより、一人の方がよく勉強できるでしょう〟。

ところが、二カ月もしないうちにＳＯＳが出た。手紙の文面もどこかおかしい。〝自分が付いていないと、一人暮らしの経験がない夫は、本当におかしくなるかもしれない〟。夫が見かけによらず気が弱い男であることを妻は知っていた。

母親の介護を姉に任せて、しぶしぶアメリカにやってきた妻は、夫が既にかなりおかしくなっていることに衝撃を受けた。その上周囲は、キャピキャピのアメリカ大好き女性ばかりである。多少話が合うのは、東工大の数学科助教授を務める、上野正先生の奥さん（この人は昔からの知り合いである）くらいのものである。

しかし妻には、子供たちを守るという大事な任務があった。妻は毎日五時間、健太郎と麗子の勉強相手を務めていた。もしこの〝仕事〟がなければ、〝ぎらぎらのアメリカ人〟になってしまった夫と暮らし続けることはできなかっただろう。

7 超競争社会

一年目に資格試験を受けるつもりだったヒラノ青年は、最初の二学期で資格試験に関係する八科目を履修した。このうち六科目は、それほど苦労せずにAが取れたが、残り二つは難物だった。何とかAを取ったものの、資格試験に出る難問は解けそうもない。不合格になったら、一巻の終わりである。

迷った挙句、受験を見送ったのは正解だった。この年も、一五人中九人が大学を去る羽目になったからである。無理して受けたとしても、不合格だった可能性が高い。判断の正しさに胸をなで下ろしたが、ストレスはますます高まった。

夏休み中のしばしの息抜きを除けば、六八年一〇月から七〇年四月までの一年半、ヒラノ青年は〝狂気に後押しされて〟、毎週一〇〇時間以上（合計で約八〇〇〇時間）勉強した。これほどやらなくても、資格試験に合格することはできただろうが、仮りにパスしても、上位に入らなければ、希望する教授の指導を受けることが出来るとは限らない。

一人の教授が受け入れる学生の数には限度がある。誰を受け入れるかは、教授の裁量に任される。そして教授の判断基準は、一にも二にも成績である。

一九七〇年の三月末、ヒラノ青年はその後の一生を決める資格試験に臨んだ。初日は得意な四科目である。一〇〇人は収容できる大きな階段教室に、パラパラと散らばる一六人の学生。一時ちょうどに始まる筆記試験は、五時間の長丁場である。

第一問は予想通りの問題で、二〇分もあれば解けそうだが、二問目以降はどこから手をつけたらいいのか分からない難問だった。四問中一問しか解けなかったら、明日どんなに頑張っても不合格だ。そうなれば、一生博士号がない研究者として暮らす運命だ。

三〇分ほどで一問目を解き終え、残りの三問に目を通した。すると四問目は、意味不明な英語——slab——が〝薄板〟を意味することを思い出すに及んで題意が掴めた。表現が難解なだけで、問題そのものは難しくなかったのだ。

三時になって見廻りに現れたコトル准教授は、教室を一巡したあと、「難しい問題にかかわりあって意気消沈するな」と言い置いて姿を消した。つまり四つの問題のうちの一つは、本当の難問だということだ。

逆に言えばそれ以外は、手がかりさえ掴めばそれほど難しくないのかも知れない。ヒラノ青年にとって、これは最高のアドバイスだった。どう見ても、超難問は第三問である。

この瞬間から馬鹿力が出た。そして三時間経った頃、三つ目の問題が解けたのである。これで七〇点は固いから、とりあえず一日目はオーケーだ。余裕が出来たヒラノ青年は、残る〝難問〟に取り組んだ。結局完全には解けなかったが、途中までの式を書き、この先どのような手続きを踏めば解答が得られるかを記した。

家の前に出迎えてくれた妻に、両腕で大きな〇印を作って報告した。

「今日のところはうまくいったよ。問題は明日だけど、何とかなるだろう」

「あなた。ヒゲはどうしたの？」

「どうしたって？」

「鏡を見て御覧なさい」

鏡に映すと、三センチはあった口ひげが、トラ刈り状態になっている。考え事をするとき、ヒラノ青年はヒゲを噛む癖があったが、難問と格闘しているうちに、半分以上食いちぎってしまったのだ。

折角自慢のヒゲだったのに、こんな風になってしまったからには剃り落とすしかない。鏡に写った男の余りの見苦しさに、二度とヒゲを生やす気になれなかった。妻は嬉しそうに「やっと日本人に戻ったわね」と言っていた。

二日目は、また一時から六時まで五時間の試験である。一日目と違って、この日は不得手な四科目に関わる試験である。まるまる一年かけてこの日のために備えてきたが、いくら勉強しても〝ワカッタ感覚〟を手に入れることは出来なかった。

ふたを開けてみると、前年に比べて易しい問題だった。最初の一時間で二問解けたところで、ヒラノ青年は合格の感触を掴んだ。結局解けたのは三問半だった。もう少し頑張れば四問すべてが解ける可能性もあったが、もう十分だと思って、腰を浮かせてしまったのである。

翌日の昼、学科主任の部屋の前に一〇人の合格者が貼り出された。昨年の惨憺たる結果について、学科主任が学部長に説明を求められたという噂だったが、それに懲りて今年は合格ラインを下げたらしい。

〝出来る〟と見ていた人たちの中で不合格だったのは、ミシェル・ルガル一人だけだった。

その日の午後、ミシェルからこれからすぐ会えないかという電話が掛ってきた。夕方遅く姿を現したミシェルは、頬がこけ眼が落ち窪んでいた。

一日目の試験の最中に体調が悪くなり、その晩から高熱が出たという。インフルエンザに罹ったのだ。二日目は頭が朦朧として、ほとんど問題に手が付かなかったということだ。ミシェルの教科成績はほとんどAだったから、学科主任は翌年の再受験を勧めた。

しかしフランスには、兵役というものがある。留学に際してこれを免除してもらっていたが、資格試験に失敗したときには、兵役につく約束になっていたのだ。生まれて初めて経験した挫折が、このエリートの一生を狂わせてしまったのである。

妻が勧めた残り物のカレーライスを食べる青年の目からは、涙があふれ出していた。ヒラノ青年が差し出したティッシュで涙をぬぐったミシェルは、フランスの連絡先を書いた紙片を差し出した。その手を握りしめながら、ヒラノ青年はこれから先二度とこの青年と会う機会はないだろうと思っていた。

ミシェルは、この翌日スタンフォードをあとにした。もしあの日インフルエンザに罹らなければ、フランスを代表する研究者になったはずの青年は、こうしてヒラノ青年の視界から消えたのである。

一五人中三番の成績で資格試験にパスしたヒラノ青年は、すぐさまダンツィク教授のオフィスに飛んで行った。すると教授は椅子から立ち上がり、

「おめでとう。良かったね」と言って手を差し延べてくれた。

「ありがとうございます。これから頑張りますので、よろしくお願い致します」

「君は以前、二年で博士号を取りたいと言っていたね」

「はい、最初はそう考えていました。昨年試験を受けようと思いましたが、失敗して退学に

なると困りますので見合わせました。留学期間はあと半年しかありませんので、勤め先に延長願いを出して見るつもりです」

「私からも手紙を出してあげよう」

「先ほど学科主任にお願いしてきましたが、先生にも書いて頂けると助かります」

ここまでの一年半、頭の中は資格試験のことで一杯だった。〝まずは試験にパスすることだ。博士候補生になったあと、九月までの六ヶ月の間にいい研究テーマを見つけて、日本に帰ってから論文書きをすればいい――〟。

しかし試験が終わってみると、より高い壁が出現した。いいテーマが見つかる保証はないし、仮に見つかっても、日本に帰れば独力で論文書きに取り組まなくてはならないのだ。あそこに戻れば、あっという間に五年が過ぎてしまうのではなかろうか。

試験に受かったその日に、ヒラノ青年は上司宛てに留学延長願いを出した。

〝もう一年留学期間を延長して頂ければ、博士号を取ることができると思います。世界最高権威のジョージ・ダンツィク教授が指導して下さることが決まりましたが、先生も博士号を取るよう薦めて下さっています。大学からなにがしかの奨学金を出して頂けるはずですから、そちらからの支援をいただかなくても、何とかなると思います。と言う次第ですので、どうかよろしくお願い致します……〟。

一〇日ほどして上司から届いた手紙は、ヒラノ青年のわがままをきつく戒め、予定通り九月には帰国するよう指示していた。〝上司の意向に逆らって、休職覚悟で居残ったらどうなるか。あの人は一旦ヘソを曲げると、なかなか元に戻らないだろう。それに、一年で博士号が取れなかったら物笑いのタネだ〟。

ダンツィク研究室の学生で、一年で博士号が取れた人はこれまで一人もいない。秀才の誉れ高い二年先輩のトム・マグナンティと、一年先輩のイラン・アドラーは、もう一年くらいかかると言っていたし、資格試験を通ってから三年以上経つ学生が三人も居る。

教授の興味の対象が、大型線形計画問題の解法であることは分かっていた。しかしこれは、二〇年にわたって多くの研究者が研究し尽くした分野だから、解ける問題は解けてしまい、残っているのは超難問ばかりだった。

そこでマグナンティは、このころ流行し始めていた「マトロイド理論」にテーマを求めた。ところが、ダンツィク教授はこの問題に関心を示してくれないので、すべて自分一人でやらなくてはならないとこぼしていた。

一方のアドラーは、線形計画法の分野に残された最大の難問、「ハーシュの予想」に取組んでいた。教授はこの人の研究を高く評価し、本格的な指導を施していた。

「ハーシュの予想」のように難しくない、線形計画法に残されている大きな問題はないか。

五月に一つのアイディアが浮かんだが、少し作業を進めていくと壁が出現した。知恵を絞ってこの壁を乗り越えようと試みたが、それは多くの研究者が取組んで挫折したアイガーの北壁だった。

そろそろ五月も終わろうとしていた。残るはあと三ヶ月である。こんな時、上司からの手紙が届いた。いつ帰るか連絡せよという内容だと思って封を開いたところ、思いもよらないことが書いてあった。

「元気ですか。今日は重要な連絡事項があるので、手紙を書きます。昨日の室長会議で、貴君の留学期間を一年延長することが決まりました。これは所長命令です。かくなる上は、一年の間に必ず博士号を取るよう頑張って下さい。なお詳しいことは、所長代理の大沢氏が来月そちらを訪れることになっていますので、その時に聞いて下さい」

〝何故このようなことが起こったのか。思い直した上司が、所長に掛け合ってくれたのか。ダンツィク教授の手紙が効いたのか〟。しかし、理由はどうでもよかった。ともかく一五ヶ月の自由な時間が手に入ったのだ。

七月に入ると、ダンツィク教授は集中講義のため、イスラエル工科大学に出かけてしまった。留守中はコトル准教授に相談するように、という指示があったが、この人に相談する気にはなれなかった。権威主義的な発言と、他人を見下すようなところが好きになれなかったのと、「超」

競争社会アメリカの構造が分かり始めていたからである。

資格試験にパスした直後に、学科主任のジェラルド・リーバーマン教授が、合格者を集めて行った訓辞は、日本という村組織からやってきた若者に衝撃を与えた。

「諸君。合格おめでとう。これからいよいよ論文書きに取り組むわけだが、あらかじめ一つ注意しておこう。君たちは互いに競争相手だから、個人的に自分のアイディアを洩らしてはいけない。

アイディアを盗まれてから、それは自分のアイディアだと言っても遅い。私はこれまで、アイディアの盗用をめぐる不幸なケースを沢山見てきたが、盗まれた側が盗まれたことを立証できたケースはほとんどなかった。研究について相談する必要があれば、指導教官もしくは一〇〇％信頼できる相手だけにしなさい。私はこの学科で、盗んだ、盗まれたという事件が起こらないことを願っている」

日本の大学では、同じ学科に所属する教授は、それぞれ違う分野の研究者である。だから、研究室が異なる学生のアイディアを盗んでも使い道がない。それでは、同じ研究室の仲間はどうかといえば、学生たちは教授を村長とする村社会の住民だから、仲間のアイディアを盗めば村から追放される。

ところが、アメリカの大学は違う。ＯＲ学科の一〇人の教授のうち、三人は同じ分野の、そして二人が隣接分野の専門家である。その上、隣りの学科にも、近接分野の研究者が二人いる。アメリカの大学では、専門が近い研究者を集めて、協力・競合させるのである。

つまりここでは、指導教官が違っても、同じような問題に取り組んでいる学生がいる可能性があるということだ。そのような人に自分のアイディアを知られたら、たった一言でも致命傷になりかねない。〝ダンツィク教授のもとで博士号を取ったコトル准教授が、ヒラノ青年のアイディアを盗むはずはないが、うっかり自分の学生に洩らすことは、全くありえないことではない――〟。

ヒラノ青年が割当てられた研究室には、二つの机が置かれていて、その一つは同期生のマリオン・レイノルズのものだった。この人は、リーバーマン教授のもとで、ヒラノ青年とは全く違う分野の研究をやっていたが、研究室にはほとんど姿を見せなかった。得体の知れない外国人と研究室をシェアして、アイディアを盗まれるのは御免だ、と思ったのではなかろうか。

博士課程の学生は、あちこちの大学からやってきた一匹狼である。資格試験に通るまで研究室は与えられないから、全員が孤立した状況で勉強に取組んでいる。そして試験にパスした直後に、友人は全て〝ドロボー〟予備軍だという訓辞を受ければ、〝美しい友情〟など生まれるはずがない。同じ学科の仲間の中で〝友人〟と呼べる同期生は、ミシェル・ルガルだけだった。

論文書きが終わっても、依然として熾烈な競争が続く。有力大学に採用された助教授は、三年の任期中に五、六編の論文を書けば、契約が三年間延長される。そしてその間にもう六編の論文を書けば准教授に昇格し、テニュア（終身在職資格）が手に入る。そこからあとは、普通にやっていれば解雇されることはない。しかし研究が滞れば、給料は据え置きである。

この条件をクリアできなかった助教授は、格下の大学に移籍するか、民間に転出せざるを得ない。そしてひとたびこの坂を下り始めると、復帰の道は絶たれる。アメリカはやり直しがきく社会だと言われているが、研究者の場合はほぼ絶望である。

なぜならランクが低い大学では、週に六コマ以上の講義を担当させられるため、研究に割く時間が減ってしまうし、民間企業に出れば、研究論文を書いている時間がないからである。

二〇一〇年に、アラバマ大学ハンツバーグ分校に勤めるハーバード出身の助教授が、テニュアが取れなかったため、教授会で銃を乱射して、三人の同僚を射殺する事件が起こったが、大学社会の〝どんづまり〟に位置するこの大学から放り出された四四歳の助教授には、行き先がなかったのだろう。

助教授たちは、テニュアを手に入れるため必死に研究する。同じ学科に似たような分野を研究しているライバルが居るから、その競争は熾烈である。たとえばＭＩＴの二人の助教授は、互いにライバルの研究室の灯りが消えるまで研究に励んだため、朝まで家に帰らない日が続いた。

　数年後、一方はテニュアを手に入れたが程なく離婚。もう一方は解雇されて、精神科医の世話になっているという。アメリカの有力大学のパワーは、このような「超」競争構造によって維持されているのである。

8　来た、見た、勝った

六月半ばに春学期が終わり、二度目の夏休みが巡って来た。ダンツィク教授はイスラエルに長期出張中だったし、研究もデッドロックに乗り上げていた。そこでヒラノ青年は、気分転換と家族サービスをかねて、旅行に出かけることにした。

妻が地図とにらめっこして作り上げたスケジュールは、以下のような大がかりなものだった。まずサンフランシスコから国道五号線を北上して、オレゴン州のクレーター・レーク国立公園。二日目にワシントン州に入り、マウント・レーニエ国立公園とオリンピック国立公園を経て、三日目にカナダ国境を越えて、バンフ国立公園まで行く。

ここで二泊したあとアメリカに戻り、モンタナ州のグレーシア国立公園を走り抜け、ワイオミングのイエローストーンとグランドテトン国立公園までで八泊。

当初は、ここで引き返すつもりだったが、妻の希望を取り入れてユタ州を一路南下し、ザイオン、ブライス・キャニオン国立公園を経てアリゾナに入り、グランド・キャニオンとモニュメント・バレーまでで一二泊。

ここから西進して、ロサンゼルスの北側を通り、太平洋岸を北上して、新聞王ウィリアム・ハーストが作ったハースト・キャッスルを見学し、一八日目の夕方スタンフォードに戻った。一周一万キロのグランド・ツアーである。

八気筒五五〇〇ccのフォード・ギャラクシーは、最初に乗っていた二〇〇ドルのプリマス・バリアントとは比べものにならない高級車だが、ユタ州の一本道で追い抜いたトラックに、時速九〇マイル（一四〇キロ）のスピードで追いかけられた時や、カンザス州の平原で大雷雨に見舞われた時、そしてアイダホ州で、〝Next 99 miles so service〟と書いてあるドクロ印の立て札を見たときは、肝を冷やした。

ガス・ウォー（石油安売り競争）の中で、ガソリンは一ガロン三〇セント（リッター一二五円）だから、一万キロ走っても一〇〇ドルにしかならない。その上アメリカの高速道路は、大都市の一部を除いて無料である。

また宿は行き当たりばったりの安モーテルで、食事は電気炊飯器で炊いたごはんと道路沿いの店で買い求めた惣菜だから、費用はすべて合わせても五〇〇ドルに届かなかった。日本なら、高速道路代金だけでこのくらいかかっただろう。

旅行の後は気が抜けて、何もやる気になれずに時を過ごすうちに、たちまち九月になった。ダンツィク教授はイスラエルから戻っていたが、これという成果が得られていないので、教授のオフィスを訪ねる気になれなかった。

ダンツィク研究室には七人の学生が在籍していた。研究室に出て来るのは四人だけで、あとの三人は博士候補生になってから二年以上経つのに、論文のテーマすら決まっていなかった。どの人も一流大学をトップクラスで卒業したあと、厳しい資格試験を突破したのだから、かなりの素質があるはずなのに、どこかで途中下車してしまったのである。

残るはちょうど一年である。期限内にすべてを終えるためには、来年五月末までに論文を完成させなくてはならない。逆算すれば、遅くとも一〇月中には具体的なテーマが決まっていなくてはならない。

九月に入ってから、ヒラノ青年は手当たり次第に論文を読んだ。ダンツィク教授のもとには、世界中から毎日のように、最先端の研究成果が送られてくるので、材料には事欠かなかった。教授の関心の対象は「線形計画法」である。しかしこの鉱脈は、二〇年以上にわたって採掘が行われた後だから、大きな宝石は見つかりそうもない。そこで別の鉱山をあたることにしたのだが、余り遠く離れてしまうと教授の関心を引くことは出来ない。

線形計画問題のようであって、線形計画問題ではない面白い問題はないか。ヒラノ青年は必死にあちこち嗅ぎまわった。しかし一〇月に入っても、適当なテーマは見つからなかった。

魚が網にかかったのは、一一月はじめである。週末にモントレーの魚市場にマグロを買いに出かけたとき、海を見ていてふと思いついたのである。

〝双線形計画問題にトイの切除平面法を当てはめたら、うまくいくのではないか？〟。〝双線形計画問題〟というのは線形計画問題のようであって、そうでない未解決の難問である。またこの問題には、「ゲーム理論」、「凹二次関数最小化」、「生産計画問題」など、広い応用がある。したがってこれを解く方法を考案すれば、必ず博士論文が出来上がるはずだ。

ではこの問題は解けるのか？　それまでの常識では解けないということになっていたが、ここで思いついたのが、暫く前にコトル教授のゼミで知った「トイのカット」を使うことだった。ベトナムのホアン・トイ教授の論文は、一九六四年に発表された、わずか二ページの短いものだが、「整数計画法」という分野に応用され注目を集めていた。〝この方法を使えば、双線形計画問題が解けるのではないか〟。これが海を見ていて思いついたアイディアである。

この後ヒラノ青年は、全力でこの問題に取り組んだ。そして二週間後には、細かい点を除けばうまくいくという心証を得た。一一月半ば、四ヶ月ぶりにヒラノ青年の顔を見たダンツィク教授は、「もう日本に帰ったのかと思っていたよ」とジョークを飛ばした。

「ご心配をおかけして申し訳ありません。あれこれ考えた結果、面白い問題が見つかりました。

双線形計画問題にトイの切除平面法を当てはめると、うまく解けると思います」

「双線形計画問題。トイの切除平面法。それは面白い」

ヒラノ青年は、このあと毎週一回教授のオフィスを訪れ、研究の進展状況を説明した。教授の激励のもとで研究はどんどん進み、三月中には〝ごく細かい〟数学上の問題を残して、論文の骨格が出来上がった。

細かい問題の解決までには、更に二ヶ月の時間が必要だった。学科主任から忠告されたとおり、うっかり他人に相談するとアイディアを盗まれるかもしれないので、相談相手はダンツィク教授だけだった。

しかし、サバティカル休暇をとったリーバーマン教授にかわって、ダンツィク教授が学科主任を務めることになったため、それまでのように時間を取ってもらうことは出来なくなった。そこで相談相手に選んだのが、若手のチャンピオン、アーサー・ヴィーノー教授である。廊下ですれ違うたびにこの人は、「ハイ、ヒロシ。うまくいっているか」と声をかけてくれた。好意的だったのは、この人が担当する「在庫理論」という科目で、ただ一人Aプラスを取ったからである。

双線形計画問題、トイのカットという言葉を聞いた教授は、

「君は、クラウス・リッターの論文を読んだかね？」と尋ねた。しばらく前にシュツットガル

ト大学のリッター博士が発表した画期的な論文だが、難しくて良く分からなかったものである。

「読みましたが、難しくて良く分かりませんでした」

「あの方法を使えば、君の問題も解けるはずだが、最近リッターの論文には根本的な間違いがあることが分かって、大騒ぎになっているみたいだよ」

「そうですか」

「しかし、トイのカットに目をつけたのは流石だね。ともかく幸運を祈るよ」

元気づいたヒラノ青年は、全力をあげて細部の証明に取り組んだ。そして二ヶ月後に思いついたウルトラCで、この問題をねじ伏せることに成功したのである。

第一部の理論編では、問題の定義とそれを解くための方法、その方法がうまくいく（有限の時間で必ず最適解が求まる）ことの数学的証明、解法を一層効率化するための様々な工夫、小規模な数値例を用いた実証結果、などを記した。

また第二部の応用編では、ゲーム理論や生産計画問題など、七種類の問題に対する応用の可能性について論じた。

合計一五〇ページに及ぶ論文のタイプ打ちが終わったのは六月末だった。打ち上がった論文を手にしたダンツィク教授は、「ビューティフル！」という言葉でヒラノ青年をねぎらった。

同期生の誰よりも早く、そして一年先輩のマグナンティより早く、〝ビューティフル〟な論文を書き上げ、「超」競争社会を勝ち抜いた青年は得意の絶頂にあった。

審査委員会での発表を終えたあとの質問は、想定の範囲内に納まっていた。一旦退席させられた後、再び五人の審査員の前に呼び出されたヒラノ青年は、全員一致で合格の決定が下されたことを知った。

〝世界最高のOR学科で、世界最高の教授のもとで、同期生の誰よりも早く博士号を取った〟ヒラノ青年は、デビッド・ルーエンバーガー教授とジーン・ゴラブ教授の手を握りながら、心の中で「来た、見た、勝った」と叫んでいた。

舞い上がった青年は、一冊三〇ドルという大金をものともせず、スタンフォード・カラーの赤表紙を付けた論文を四冊製本した。二冊はダンツィク教授と大学時代の指導教官である森口教授に献呈するため、一冊は（ついに博士号を取ることが出来なかった）父のため、そして最後の一冊は自分のためである。

ヒラノ一家は七月半ば、アメリカでの三年を締め括る二度目のグランド・ツアーに出発した。ダンツィク教授のつてを頼りに、八つの一流大学を廻って、トリプルA級の研究者に会うのが目的である。

サンフランシスコから、ルート八〇を一路東へ。西部劇でお馴染みのネバダ、ユタ、コロラド、カンザスを横切り、五日目には最初の目的地であるケンタッキー大学に到着した。アメリカ南東部の町レキシントンは、農場に囲まれたのんびりした町で、湿った空気と丸っこい雲は、日本の春を思い出させた。ここでは、ダンツィク教授のバークレー時代の教え子である、ロジャー・ウェッツ教授の歓待を受けた。

次に訪れたのは、ピッツバーグのカーネギー・メロン大学である。古くから鉄鋼の町として名高いこの街は、噂に聞いていたよりずっと美しい街だった。この大学では、ディズニーの『ファンタジア』の「禿げ山の一夜」に登場する大魔王のようなゴン・バラス教授の歓迎を受け、論文の内容について最大級の賛辞を頂戴した。

またこの大学では、後に一橋大学の看板教授になる、会計学者の伊丹敬之氏に紹介された。同じ大物でも、スタンフォードで出会った京都大学のS助教授に比べると、とても腰が低い素敵な人だった。

次に訪れたイェール大学では、エリック・デナルド教授の歓迎を受けたあと、折り返し点であるコーネル大学に向かった。ニューヨークの北西二〇〇マイルに位置するこの大学では、ダンツィク教授の古くからの友人にしてライバルである、レイ・ファルカーソン教授が迎えてくれることになっていた。

山間の小さな街イサカにあるコーネル大学は、斜面に広がるキャンパスの美しさで有名だった。アプソン・ホールにあるオフィスのドアをノックすると、あごひげを伸ばしたファルカーソン教授が顔を出した。挨拶をする間もなく、鷹のような目鼻立ちの教授は、博士論文の説明を求めた。一五分ほどで概要を説明すると、教授は「面白い結果だ。ともかくおめでとう」と言いながら手を差し出した。

練達のテニス・プレーヤーでもあるファルカーソン教授の手を握りながら、ヒラノ青年は、「私の方法を使えば、問題Xも解ける可能性があります」と付け加えた。

すると教授は鋭い視線をヒラノ青年に浴びせて、「そんな問題は解けるはずがない」と断言した。この問題が、札付きの難問「NP完全問題」であることを見抜いたのである。余計なことを言わなければ良かったと思いつつ、ヒラノ青年の頭の中には黒い雲が広がっていった。

ナイヤガラの滝の壮大さに圧倒されたあと、アンアーバーのミシガン大学、マディソンのウィスコンシン大学、シカゴのシカゴ大学、そしてボールダーのコロラド大学を訪問し、予定通りちょうど三〇日目に、スタンフォードに戻った。

しかし、折り返し点を過ぎてからのヒラノ青年は、旅行を楽しむ気になれなかった。あの定理の証明に問題があるのかもしれない、という疑惑に悩まされていたからである。

〝ダンツィク先生がいいといっている以上はいいはずだし、ほかの審査員もＯＫを出してくれた。しかしあの人たちは、証明の細部まで読んでくれたとは限らない。もし違っているとしたら、どこがどう違っているのだろう？〟

普通の定理であれば、正しいか間違っているかは、少し考えれば分かる。しかし、何重にも入り組んだ定理の詳細を吟味するには、かなりの根気が必要である。こんなときにかかってきたのが、イラン・アドラーからの電話だった。

博士論文が完成すると同時に、名門バークレーの助教授に迎えられた兄弟子が、帰国前に一度話を聞きたいというのである。そこでヒラノ青年は、アメリカを発つ数日前に、バークレーを訪れた。

アドラーの炯眼は、証明の不備を見破っていた。勝ち誇ったように間違いを指摘するアドラー。そして言い過ぎたと思ったのか、最後に付け加えた、「間違っているが、ここには何かある」という声もうつろに、ヒラノ青年はアドラーの部屋を辞した。

かくして、〝来た、見た、勝った〟は、僅か二ヶ月で砕け散ってしまった。

ヒラノ一家は一九七一年の九月初めに、（墜落の危険があるＪＡＬではなく）パンナムの飛行機で日本に戻った。飛行場に出迎えてくれた父は、息子が、自分が手にすることが出来なかった博士号を取得したことを喜んでくれた。しかし息子は、製本した論文を渡すのは、定理の修復が終わってからにしよう、と考えていた。

留学していた三年間の日本の発展は、驚くべきものだった。出発前には見ることのなかったティッシュ・ペーパーが、当たり前のように売られていたし、三万円少々だった月給は、五割以上増えて五万円に届こうとしていた。また以前は、申し込んでから一年近く待たされた電話も、一〇万円の債券を買えば、すぐに設置してもらえるようになっていた。

七〇年代に入ってから、トヨタやニッサンがアメリカ各地に次々と支店を出して行く様子に目を見張ったが、いずれは日本がアメリカを追い越し、一ドル一〇〇円の時代がくると主張するエコノミストが現れはじめていた。

これに対してヒラノ青年は、「そう簡単にアメリカはダメにならない。なぜなら、アメリカの大学は日本に比べてずっと底力があるからだ」と反論した。しかし余りムキになると、自分がアメリカ人であることがバレてしまうことを警戒して、言い負かされることにした。

心はアメリカに置き忘れてきた青年の脳みそは、いつもあの問題に占拠されていた。早く正式の論文として専門誌に投稿しなくてはと考え、暇さえあれば式をひねくり廻していたが、なかなか解決の緒口はつかめなかった。

特殊な問題であるだけに、相談を持ちかける相手は見つからなかった。アメリカならじっくり時間が取れるし、相談相手も居るはずだと考えつつ、ヒラノ青年は事務所のようなダダッ広いオフィスで一人悩んでいた。

ここに届いたのが、バークレーの研究レポートである。そのタイトルは、「切除平面法の有限収束に関する反例」となっていた。ヒラノ青年が証明したはずの定理は、アドラーとその学生たちによって否定されたのだ。

ところがこのころ、ヒラノ論文は全米の研究者の間で広く読まれていた。世界のトップを走るスタンフォード大学の、大御所ダンツィク教授の弟子が書いたテクニカル・レポートを、多くの人が細部を読まずに信用した。この結果ヒラノ青年は、難問を解決した若者として有名になってしまうのである。

自分では間違っていることが分かっている定理を、多くの人が信用している！〝なるべく早く証明を修復しないと、大変なことになる‼　工夫すれば必ず何とかなるはずだが、どうすればいいのか〟。

こんな時、米国中西部にある「ウィスコンシン大学・数学研究センター」の胡徳強（ティーシー・フー）教授から招待状が届いた。九月から一年間、客員助教授として招いてくれるというのである。

マディソンは、カリフォルニアと違ってとても寒いところである。パロアルトは初夏のような陽気なのに、マディソンの隣のグリーンベイでは吹雪いているのを、テレビのフットボール中継で見かけた。

また英会話の教材で、〝ミシガン湖畔のドルースでは、湖の氷が風に押されてギシギシと音を立てるので、薄気味悪くて眠れない〟というセンテンスを暗記したこともあった。

マディソンは札幌とほぼ同じ緯度にあって、零下二〇度は当たり前、時には摂氏と華氏が並ぶ零下四〇度になることもある。その上ウィスコンシン大学は、世界中で吹き荒れたキャンパス騒動の中心地だったところである。

治安に問題がある上に、長男は小学校二年生になっていたから、〝今度こそ単身赴任か。あんなところで、一年も一人で暮らすことが出来るだろうか〟と考えはしたものの、このチャンスを見送ることは出来なかった。

勤務先の反応は、当然ながら極めて冷ややかなものだった。

〝三年も留守にしていたのに、帰ってすぐまた出かけたいとはどういう料簡か。博士号を取ったと思っていい気になり過ぎている〟。所長の顔には、こういう表情が浮かんでいた。

しかし所長は、結局ヒラノ青年の休職を認めてくれたのである。休職扱いだから給料は出ない。したがって、ウィスコンシン大学から月一一〇〇ドルの給料を貰っても、日米で二重生活を維持するのは難しい。その上、平気で無免許運転するような〝無謀な〟夫を、一人でアメリカに行かせるのは心配だ。

この結果、〝アメリカはもう御免だ〟と言っていた妻は、再び二人の子供を連れてアメリカに行く羽目になるのである。

子供の頃からアメリカが嫌いだった妻は、子供たちがアメリカ生活に馴染んだのに、日に日にアメリカが嫌いになっていった。日本人相手ですら、親しい人以外とは付き合いたがらない妻が、初対面のアメリカ人に、なれなれしく話しかけられるのが苦痛だったことは、容易に想像がつく。

純正日本人である妻にとって、アメリカ人の親切はお節介であり、自己主張はたしなみのなさであり、アメリカン・ドリームは成金趣味以外の何物でもなかった。三年間のアメリカ生活で楽しんだことと言えば、車で各地を旅行したことくらいではなかろうか。

日本に帰ってやれやれと思う間もなく、また出かけることになった妻は、かなりショックを受けたようだった。もしウィスコンシンの一年が、スタンフォードとはかけ離れた、暗くて陰鬱なものになることを知っていたら、子供たちとともに日本に止まっていたかもしれない。

第Ⅱ部　凍えるウィスコンシン

9　別世界

一九七二年の九月初め、ヒラノ一家はウィスコンシンに向けて旅立った。四年前と違って、飛行場まで見送りに来てくれたのは、弟夫婦と義姉の三人だけだった。国際化が進んで、海外渡航が珍しくなくなったのと、研究所の首脳陣が再渡米に強い不快感を示したためである。

サンフランシスコで飛行機を乗り継いでミルウォーキーまで飛び、空港からグレイハウンド・バスで西に向かって二時間余り。マディソンに着いたのは、羽田を出てから二六時間後だった。

州都とはいうものの、マディソンは人口二〇万弱の小都市である。札幌とほぼ同じ緯度にあって、真冬にはしばしば零下三〇度になる酷寒の地である。ちなみに、ローラ・インガルスの『大草原の小さな家』の舞台になったのは、マディソンの北西二〇〇キロほどのところである。

寒冷地であるにもかかわらず、九月初めのマディソンは東京以上に蒸し暑かった。妻と子供たちは、機中で睡眠を取ったので元気だったが、ほとんど眠れなかったヒラノ青年にとって、二六時間の長旅は厳しい試練の始まりだった。

バス停に出迎えてくれたのは、「数学研究センター」の所長代理を務める、スティーブ・ロビンソン助教授の秘書マリー・シュナイダーである。美人には違いないが、全く愛敬が感じられない、二〇代後半の女性である。

マリーの車とタクシーに分乗して、宿泊先のホリデー・インに着いた時には、八時半をまわっていた。見栄を張って中の上クラスのホテルを選んだのだが、懐具合を考えれば、なるべく早くアパートを見つけなくてはならない。

翌朝ヒラノ青年は、マリーが用意してくれたリストを手に、レンタカーでアパート捜しに出かけた。アメリカのアパート・ビジネスには長い歴史があって、家賃は立地・環境・設備等を勘案して、きわめて合理的に設定されている。

決めたのは大学から約八キロのところにある、月三五〇ドルのアパートだった。予算をかなりオーバーしてしまったが、アパートのすぐ裏に「A&P」というスーパー・マーケットがあること、小さいながらもプールが付いていること、竜巻退避用の地下室があること、そして管理人のグレッタおばさんがとてもフレンドリーだったことが決め手になった。

同じ国とはいうものの、ウィスコンシンはカリフォルニアとは全く違う世界だった。まずは、スーパーの品揃えが貧弱なことである。カリフォルニアであれば、この季節には何種類ものメロンや葡萄、オレンジ、グレープフルーツなどの柑橘類が溢れていた。

ここにもメロンはあったが、ジューシーなクレンショーやハニーデューは見当たらないし、貧相なカンタループにカリフォルニアの二倍以上の値段がついている。リンゴは小粒の虫食いである。その上、米は粒の長いシャム米ばかりで、カリフォルニアで食べていた国宝ローズ米やカルローズ米は売っていない。

マディソンの郊外にはキッコーマンが進出していたし、トヨタやニッサンが乗用車やトラックを売りまくっていたが、日系人が少ないこの土地では、日本食品はカリフォルニアの五割増し、つまり日本の三倍である。このため日本人留学生は、二〇〇マイル離れたシカゴに出かけて日本食品を調達しているということだった。

A&Pの隣にある生活雑貨店「Kマート」の品揃えは、プアを通り越してミゼラブルだった。パロアルトには、このようなひどい店はなかったと思いつつも、その晩から必要になる毛布や台所用品を購入した。ところが、ここで買った一枚五ドルの韓国製毛布のおかげで、ヒラノ青年はこのあと二〇年にわたって、子供たちから〝ケチおやじ〟と非難される羽目になるのである。

次は車である。大学までバスを乗り継いで行くと、三〇分以上かかる。冬になれば、バスを待っているうちに肺炎になってしまう。一週間のレンタカー契約が切れるまでに、何としても安くて信頼できる車をみつけなくてはならない。

ところが、中古車相場はカリフォルニアの五割増しだった。雪が降ると道路に塩をまくので、三年程度でボディの下部が傷んでしまう。このため、カリフォルニアでは一〇年使える車が、ここでは五～六年しか持たないのである。

零下三〇度でも確実にエンジンがかかる車を手に入れるには、最低一〇〇〇ドルを用意しなければならない。迷った挙句一二〇〇ドルで買ったのは、三年前のフォード・フェアレーンだった。カリフォルニアで乗っていたフォード・ギャラクシーよりグレードが下なのに、値段は三割増しである。

前家賃三五〇ドルとデポジット三五〇ドル、そして車に一二〇〇ドルを支払ったあと、急に懐が寒くなったヒラノ青年は、これから先の生活が思った以上に窮屈になることを考えて気落ちした。

大学から支払われる月給は一一〇〇ドルだが、規定により航空運賃はヒラノ青年の分だけ、しかもアメリカ西海岸からの料金しかカバーされないから、自己負担する航空運賃は一五〇〇ドルを上回る。

これらを差し引くと、実質的給料は月八〇〇ドル程度である。スタンフォード時代より住居費が二〇〇ドル多いこと、またデポジットの三五〇ドルは、退去時のクリーニング代に消えることを考えると、生活費に回せるお金は留学時代の二割増し程度に過ぎない。

九月はじめのマディソンは、既に紅葉が始まっていた。管理人のグレッタによれば、到着した日の暑さは、メキシコ湾から熱風が吹き上げたことによる一時的なもので、一〇月になると人々は厚いコートを身にまとうという。

一一月に入ると、厳しい寒風の中で雪が舞い、一二月末には厚い氷が湖面を覆う。そして一月には、零下二〇度を下廻る寒気とともにブリザードが襲い、外出警報が出る。零下四〇度になると、タイヤが凹んで半月型になるということだが本当だろうか。

この大学にヒラノ青年を招待してくれたのは、台湾出身の胡徳強（ティーシー・フー）教授である。中国の名門の家に生まれたこの人は、毛沢東革命で本土から台湾に逐われたが、台北の大学を卒業したあと、アメリカ東部のブラウン大学に留学して博士号を取り、ＩＢＭの「ワトソン研究所」に迎えられた。

この研究所は、「ＡＴ＆Ｔベル研究所」と双璧と呼ばれた数理科学のセンター・オブ・エクサレンスで、毎年一～二名の新卒 Ph.D. を、ポスト・ドクトラル・フェローとして採用していた。一流大学の初任給の二倍近い給与が貰える上に何の義務もないため、毎年一〇〇人以上の Ph.D. が応募するとびきりのポストである。

フー青年はこの研究所で、「ネットワーク・フロー理論」に関する二編の画期的論文を書いた。

また六三年には、「二品種流問題」と呼ばれる難しい問題を解決して、スーパースターの仲間入りを果たし、三五歳の若さでウィスコンシン大学「数学研究センター」の正教授のポストを手に入れたのである。少年時代の不遇を補って余りある、順風満帆のキャリアである。

大学院に入って間もない頃、ヒラノ青年はネットワーク・フロー理論を勉強する機会があった。そこで扱われていたのは、問題自体は分かり易いが、それを解くには天才的直観と、研ぎすまされた論理力が要求されるものだった。

ちなみに、東大工学部で三〇年に一人の大秀才と謳われた森口繁一教授は、この分野の論文について次のような感想を述べていた。

「一ページ目に、問題の説明といくつかの定義が書いてあったかと思うと、二ページ目にはあっと驚くような定理が出てくる。ところがその証明は、驚くほどシンプルなんだよ」と。そのとおり。天才は、問題を発見した時にその答えが分かるのである。あとは、その直観を論理的に説明するだけである。

ネットワーク・フロー理論の研究には、優れた直観と強靭な論理力が不可欠である。実際この分野には、コーネル大学のファルカーソン教授や東大の伊理正夫助教授のような天才がひしめいているから、凡人は遠くから見ているほうが賢明である。

博士資格試験を受けるために、ネットワーク・フロー理論を詳しく勉強する必要に迫られたヒラノ青年は、フー教授の二品種流に関する論文を読んで、この人の才能に恐怖感を味わった。〝このような証明を思いつく人はバケモノだ。試験にパスするために勉強はするが、この分野に深入りするとロクなことはない――〟。

ヒラノ青年がウィスコンシン大学に招待された表向きの理由は、スタンフォードで書いた博士論文が、フー教授の目に止まったためだということになっているが、話はそれほど単純ではなかった。

留学から帰って半年ほどして、スタンフォード時代の友人である吉崎次彦氏から手紙が届いた。類まれな生活力の持主は、アメリカ人以上の自己主張の強さで、留学生仲間を辟易させていたが、なぜかヒラノ青年とはウマが合った。大学教授を父に持ち、兄を優遇する母親から疎んじられた次男同士、という共通点があったからかもしれない。

「その後お変わりありませんか。僕はいま、ウィスコンシン大学の数学研究センターに来ています。よんでくれたのは、貴兄も知っているはずのティーシー・フー教授です。

僕は三ヶ月後に、ジュネーブのＷＨＯに移ることになっているのですが、フー教授から『ネットワーク・フローと整数計画法』という教科書の翻訳を頼まれました。四〇〇ページもある本なので、三ヶ月では終わりそうもありません。僕がここにいる間に前半をやっておきますから、後半をお願い出来ないでしょうか。貴兄はこの分野については詳しいはずなので、それほど苦労はしないと思います。

この大学はキャンパス騒動の後遺症で、まだ少々騒がしい雰囲気ですが、もしここに来る気があれば、フー教授に売り込んでおきます。この人はちょっとディフィカルトなところがありますが、かなりの発言権があるようですから、そのチャンスは小さくないでしょう。

それはともかく、翻訳の件よろしくお願いします。ではお元気で」


ヒラノ青年はスタンフォード時代に、フー教授の教科書を目にしていた。しかし、ヴィーノー教授は〝レベルが高すぎて教科書には向かない〟と言っていた。

〝難しい本を翻訳しても売れないだろう〟と思っていたところ、フー教授本人からサイン入りの本と、〝よろしく頼む〟という手紙が届いた。吉崎は、ヒラノ青年が断らないだろうと踏んで、適当なことを言ったのだ。

一九六九年に出た三部構成のこの本は、第一部と第二部だけなら三〇〇ページで納まるから、三〇〇〇部くらいは売れるだろう。しかし難解な第三部を含めるとどうか。

読めそうもない本を書棚に置いておくのは、精神衛生によくない。常に自分を見下して圧力をかけてくるからである。ヒラノ青年にとっては、西田幾太郎の『善の研究』がこれにあたる。

このような本を買うのは、買わなければ世の中の流れに乗り遅れてしまう、という強迫観念を持つ人だけである。

はっきり言おう。フー教授の本を読みたい人は原著で読むし、読みたくない人は、日本語訳でも読まないのではなかろうか。ウィスコンシン大学の客員助教授ポストは魅力的だから、翻訳は引き受けるとして、売れそうもない本をどうやって出版社に売り込めばいいか。

数ヶ月にわたる交渉の結果は、思いもよらないややこしいものだった。駆け出しの若者たちだけでは信用できないと考えた出版社は、フー教授と親交があるネットワーク・フロー理論の第一人者である伊理正夫東大助教授を、監訳者として迎え入れることを要求したのである。

容易ならざる事態にヒラノ青年は憂鬱になった。伊理助教授が監訳するとなれば、吉崎が担当する第一部を克明にチェックしなくてはならない。第二部は伊理助教授とフー教授の接点になる部分だから、特に入念にやらなくてはならない。

また難解な第三部については、かなりの注釈を加える必要があるが、これまた伊理助教授のフィルターを通すのは容易でない。

日本を発つ時点のヒラノ青年は、鼻高々だった。数年前にここを訪れた東京都立大学の岩野教授が、「君の若さで、あそこに招待されるのはすごいことだ」と言っていたからである。何しろここは、全米一の（応用）数学研究所なのである。

〝フー教授が少々気難しくても、既に義理は半分果たしているし、専門分野が違うから干渉されることもないだろう。しかもここには、ダンツィク教授と仲がいいマンガサリアン教授や、人柄のいいメーヤー教授が居るから、彼等のアドバイスがあれば、展望が開けるに違いない――〟。

ところが間もなく、吉崎の言う〝ディフィカルト〟には、単に〝気難しい〟というだけでなく、〝つきあいにくい〟あるいは、〝厄介な〟という意味もこめられていたことに気付くことになるのである。

そこでマディソンに到着した直後の、〝凍りつくような〟ディナーについて書くことにしよう。フー教授はなまりのある英語で、「良く来た、良く来た」とヒラノ一家を迎えてくれたが、妻と子供たちはそのせかせかした雰囲気と、大学病院に勤める夫人の鋭い目つきに、表情をこわばらせていた。

アメリカでは、他人の家に招待されて嫌な気分にさせられることはまずない。少なくともあるレベル以上の人は、客をもてなすことに馴れているからである。フー夫妻の第一印象は決していいものではなかったが、それは〝惨劇〟の序曲に過ぎなかった。

まず驚いたのは、出てきた料理がスープとチキンの煮込み、そして簡単なサラダだけだったことである。スタンフォード時代の言い伝えによれば、メイン・ディッシュに何が出てくるかで、客に対するホストの格付けが分かるという。

特上がロブスター、上がサーモン・ステーキ、次が上等のビーフ・ステーキ、そして最低がチキンだと言われていた。ＭＩＴの助教授が、ライバルの助教授を自宅に招待してチキン・ディナーを出したのがきっかけで、戦争状態に入ったという話を聞いたこともある。

後進国からよんでやった駆け出しの男だから、チキン（だけ）でいいということになったのだろう。幸い子供たちはチキンが大好きだし、妻はこの言い伝えを知らないから、嫌な思いをしたのはヒラノ青年だけだったはずだ。ところが、ここにフー夫人から妻にきついパンチが飛んできた。

「お子さんたちに、テーブル掛けに穴をあけないよう注意してくださいね。それから、なるべくおつゆもこぼさないように言って下さい」

この言葉を聞いて、妻の表情は急変した。子供たちは、テーブル掛けに穴をあけるようなことをする気配はなかったし、ホストたるもの、少々つゆをこぼすくらいは甘受すべきではなかろうか。子供たちも連れて来いと言っておきながら、これはひどすぎるのではないか。

名門の出にしては格調が低いもてなしに、ヒラノ青年は〝この人はアメリカ人ではない、そしてここはカリフォルニアではない〟ということを思い知らされたのである。

食事の後の会話も、愉快なものではなかった。チキンを出した言いわけのつもりか、「日本人がエビを沢山食べるせいで、この地域ではいいものが入手しにくくなった」というのである。その後も次々と飛び出す差別発言に、ヒラノ青年はかなり腹を立てた。

妻は夫の異様な表情を心配そうに眺めていた。こんなところに長居しても碌なことはないと考えたヒラノ青年は、子供たちがチキンを食べ終わると、まだ時差ボケが解消していないことを理由に、早々と席を辞した。

10 リッターの大失態

ウィスコンシン大学は、西海岸のバークレーと並んで過激派学生が多いところで、二年前の一九七〇年八月には、彼らによって「数学研究センター」が爆破されている。

軍の資金で運営されている研究所の専任スタッフは、五〇％の時間を軍事研究に充てることになっているため、ベトナム反戦運動のターゲットにされたのである。〝空爆の際に被害を最大化するには、どこを爆撃すればいいか〟という研究に、フー教授の方法が使われたという説もある。

センターが入っていた建物がかなり破損したうえに、死者一人と三人の重傷者が出たため、数学研究センターはキャンパスの中心部から一キロ以上離れたところにある一二階建ての新築ビルに隔離されていた。

一辺が三〇メートルほどのビルの入口には、大きなピストルをぶら下げた警官が常駐し、職員が入構する際には身分証明書の提示を要求される。したがって、ひとたび建物に入ったあとは、余程のことがなければ外に出る気になれない（出たとしても、周囲には何もない）。

一〇人ほどの専任教授はほとんど六〇代の高齢者で、若手は四〇代のフー教授と、三〇代のロビンソン助教授だけである。ビジターとしてこの研究所を訪れていたミネソタ大学の渋谷教授は、「この研究所は、数学者の間で養老院と呼ばれている」と耳打ちしてくれた。

ヒラノ青年のオフィスは、メンドタ湖に向き合った明るく広々とした部屋で、青い湖面とそこに浮かぶヨットは、何時間見続けても飽きない素晴らしい景観だった。スタンフォード、コーネルと並んで全米で三本の指に入る美しいキャンパスの、最も美しい景色を満喫できるのである。

様々な事務手続きを終えたあと、ヒラノ青年は難問との取組みを再開した。日本に居る間に、思いつく方法を全て試してみても埒が開かなかったが、ここであれば、計算機科学科のマンガサリアン、メーヤー教授に相談に乗ってもらうことが出来る。しかしそのためには、まず何が問題なのかをまとめておく必要があった。

ここにかかってきたのが、フー教授の電話である。先日の気まずいやりとりを気にしたせいか、この時は愛想が良かった。用件は博士論文について聞きたいことがあるので、適当な時に研究室まで来てほしいというものだった。いずれ露見することだから、早い方がいいと考えたヒラノ青年は、すぐに伺うと言って電話を切った。

フー教授のオフィスは、ロビンソン助教授のオフィスの倍以上の広さがあった。アメリカでは、沢山の研究費を持っている人は、給料だけでなくスペース面でも優遇されるのである。

「ここの住み心地はどうかね」

「素晴らしいオフィスを頂いて、感謝しています」

「あの部屋は評判がいいんだ。君の前には、ジャック・エドモンズ教授が、その前はベン・ローゼン教授が使っていた部屋なんだよ」

エドモンズ教授（ウォータールー大学）、ローゼン教授（ミネソタ大学）と言えば、数理計画法の世界では誰知らぬものがいない大教授である。

「ところで、君の博士論文だけどね。とても面白いテーマなので感心したよ。なかなか眼の付け所がいいね」

「……」

「実は、まだ細かいところまで目を通していないのだが、少々気になる点があるので、君が来たら直接聞いてみたいと思っていたところだ」

〝これはまずい〟。

「君はクラウス・リッターの論文を知っているね。引用文献リストにも載っていたし、君の問題と関係が深い論文なので読んだと思うが」

「はい。読みました」

「それでは、あの論文に間違いがあったことも知っているね」

「はい」

「あの時は大変だったんだよ。セミナーでリッターの講演を聞いていて、腑に落ちないところがあるので質問したところ、それがもとで大騒ぎになってしまったんだ。結局どうやっても修復出来なかったんだが、もともとあのような方法で解けるはずがないんだよ」

〝そうか。最初にリッターの間違いに気がついたのは、この人だったのか！　こうなったら弁解してもムダだ〟。

「実は、あの論文で提案した切除平面法の有限収束性定理の証明に不備がありました。現在それを修正すべく頑張っているところです。幾つかアイディアがありますので、間もなく修復できると思います」

「やはりそうか。フムー」

フー教授の顔には、失望の色が浮かんでいた。

クラウス・リッターは、シュツットガルト大学の数学者で、それまで解けないと思われていた、一般の二次計画問題を解く方法を考案した業績を評価され、全米一の数学研究センターに招待された。

この時リッターは、アメリカの有力大学の正教授ポストを得ることを期待していたのではなかろうか。しかし、証明に穴があることをフー教授に指摘され、それを修復することが出来ないまま、失意の中でアメリカを去った。

この論文は、格式が高いジャーナルに掲載されたため、本人だけでなくジャーナルの評価をも落とす結果になった。シュツットガルトに帰ったリッターは、このあと二度とアメリカの大学に招かれることはなかった。

リッターに比べると、ヒラノ青年は幸運だった。ミスは犯したものの、ヒラノ論文はテクニカル・レポート（研究速報）であって、正式の論文ではなかったからである。もしファルカーソン教授の怪訝な表情に出会うことがなければ、そしてアドラーの鋭い指摘がなければ、あの論文は（ボンクラ）レフェリーの審査をくぐり抜けて、既にジャーナルに掲載されていたかもしれない。もしそうなっていれば、ヒラノ青年は一生立ち直ることが出来なかっただろう。

〝難問、難問〟と繰り返してきたが、これがどのような問題なのかについて、少し説明しておこう。

海に浮かぶ直径二〇キロ程度の島があるものとしよう。この島にはいつも霧がかかっていて、どのような山があるのか地上から見ただけでは分からない。飛行機もレーダーもない時代である。もちろん地図はない。

ヒラノ青年が取り上げた問題は、〝この島に上陸してその最高地点に登り、そこが最高点である証拠を持ち帰ること〟である。霧のため視界は一〇メートルしかない。近所を見廻して、とりあえず周囲より高い地点まで行くことはできても、霧の向こうにもっと高い峰があるかもしれない。したがって、仮に最高点に到達できたとしても、その証拠を提示するのは極めて難しい。

そこでリッターは、島の等高面が二次曲面になっているという仮定を置いた。もし等高面が楕円であれば、話は簡単である。周囲を見回して、高い方へ高い方へと動いて行けば、行き着いた先が最高点であることが保証されるからだ。

ところが同じ二次曲面の場合でも、双曲面になると、山あり谷ありの難問になってしまう。〝リッターが登った山は最高点とは限らない〟。これがフー教授が見抜いた穴だった。

ヒラノ青年の着眼点は、リッターの仮定を更に強めて、島の形状をより狭い範囲に絞った上で、二度と同じところに戻ることがないように、いま登った頂上の周辺を、ホアン・トイ教授が発明したカッター──で切落したことである。こうすれば、時間はかかっても、いずれ最高点に到達できるはずだった。しかし、いつでも有限回の反復で最高点に到達できる、という保証は得られなかったのである。

フー教授の冷たい視線は、〝こんな奴を呼んだのは間違いだった〟と言っていた。

「幾つか、新しいアイディアが浮かびましたので……」という言葉を遮って、

「解けそうもない問題に関わりあうより、何か別のテーマを探した方がいいんじゃないかね。私の経験では、一年考えても解けない問題は、三年考えてもダメな場合がほとんどだ。

実は君の論文については、ロッサー所長が大変関心をお持ちで、直接話を聞きたいと言っておられたのだが、残念なことになってしまった。では今日のところはこれで」

部屋を退出したヒラノ青年は、事態が考えていた以上に深刻であることに動揺していた。

〝所長が関心を持っていた⁈〟バークレー・ロッサー教授といえば、この大学のステファン・クリーニ教授と並ぶ、数学基礎論のスーパースターである。このような偉い数学者が、自分の研究とはまったく接点がないヒラノ論文に関心を持っているということは、リッター事件のインパクトの大きさを物語っていた。

ひょっとすると、この件を巡って研究所全体を巻き込む騒動が起こって、ロッサー所長がリッターの追放を決める上で、問題になった論文を詳しく点検したのかもしれない。

ヒラノ青年の頭の中には、ヴィーノー教授がリッター事件についてコメントした時の、異様

な笑みが浮かんだ。このドタバタ劇は、二〇〇〇キロ以上離れたスタンフォードにも伝わっていたのである。しかし、これを知っているはずの大御所ダンツィク教授が、定理の正しさを保証している。

ヒラノ論文を手にしたフー教授は、スタンフォード大学OR学科とダンツィク教授の権威を信じて、細部までチェックせずにロッサー所長に報告した。

「それはすごい。是非よんでやれ」

〝特別扱いでよんでやった男が、リッターの間違いを知っていたにも拘わらず、また同じような間違いを犯した。これは救いようがない〟。フー教授はこう考えたのだ。

部屋に戻ったヒラノ青年は、気を鎮めようとしてヴァージニア・スリムに火をつけた。すると突然、天井がずり落ちて来た。驚いてドアを開け部屋の外に飛び出すと、通りかかったマリーにぶつかった。錯覚だと気づいたヒラノ青年が、

「建物が揺れたような気がしたので……」と取り繕うと、マリーは

「このビルは、何があっても大丈夫な造りになっているのよ」と慰めてくれた。

家族を乗せた飛行機がサンフランシスコ湾に墜落して以来、ヒラノ青年はさまざまな幻覚に悩まされてきた。ここ暫くは落ち着いていたがまた出たのである。あのあと、天井が落ちてくる夢と、妻の白骨死体の隣に寝ている夢を繰り返し見たが、それはいつも眠っている時で、白

昼に天井が落ちて来るのははじめてだった。

〝何とかなる。何とか出来るはずだ〟。こう考えて暫く眼をつぶっていた。しかし眼を開けた時、外は暗くなっていた。フー教授のオフィスから戻ったのは四時前だったはずだ。あれから天井が落ちて来て、眼をつぶっていたのは二～三分だと思ったのに、すでに夜になっている。〝さっきのは夢だったのか？　だとすると、二時間も寝ていたことになる！〟。

しかしヒラノ青年はこれまで、昼日中にオフィスでうたたねをするようなことは一度もなかったのである。

やっとの思いで車を運転して、家に辿り着いたのは九時過ぎだった。帰りが遅いのを心配した妻は、ドアの外に立っていた。

「こんなに遅くまでどうしたの？　電話を下さればいいのに。どこか具合でも悪いのかしら」

「いやちょっと。難問を考えているうちに、時間が経ってしまってね」

ヒラノ青年は研究上のトラブルで窮地に陥っていることを、妻には一言も話していなかった。

〝博士論文がキズものだなんて、絶対に知られたくない。なるべく早く証明を修復して、汚名を雪がなくてはならない――〟。

そもそも妻は、夫が何を研究しているのか全く知らなかったのである。日本に居るときはだらだら過ごしていた夫が、アメリカに留学した途端に、ギラギラのアメリカ人に変身したことに度肝を抜かれたものの、何でそうなったか、そして今何を悩んでいるか知る由もなかったのである。

遅い夕食をとりながら、ジョニー・ウォーカーの水割りを一杯飲んだところで、右目の中にギザギザの線が出現した。眼をつぶっても線は消えない。暫く様子を見たが、ギザギザはだんだん両側に伸び、それとともに視界が狭まっていく。

嫌なことばかり起る日だが、こうなったら眠るしかない。明日の午後には、セミナーで所員に紹介されることになっているので、それまでに治れば良いがと思っているうちに、酔いが廻って来た。博士論文を書き始めたころから、不眠症にかかって酒量が増えたが、このときは水割り二杯で呆気なく眠りに落ちたのである。

夜中に身体をゆり起こされて目を覚ますと、妻の心配そうな顔が眼に入った。いびきが激しいので、このまま放っておくと死ぬのではないかと思ったと言う。目の中のギザギザは少し薄くなったが、まだチラチラしていた。

11　敗残兵

セミナー・ルームには、二〇人ほどの研究者が集まっていた。ヒラノ青年とともに紹介されることになっているリン・マクリンデン青年も、既に席に着いていた。この人は、シアトルにあるワシントン大学数学科出身の新人で、ヒラノ青年より四つほど年下である。

一時一五分前にロビンソン助教授が立ち上がり、二人に自己紹介を促した。フー教授と所長はまだ来ていない。簡単に済ませてしまおうと思っていたところ、先に立ったリンがＯＨＰを使って博士論文の説明をはじめた。

〝ＯＨＰを用意しなくてはいけなかったのか。これはまずい。何でもいいから早く終わってくれ、所長とフー教授が来る前に。いやずっと続けてくれ、俺の持ち時間がなくなるまで。一時にはセミナーが始まるから、時間がなくなれば短く切り上げられる〟と思ったところに、フー教授がロッサー所長と部屋の中に入ってきた。

「ヒラノの論文を詳しくチェックしてみましたが、修復できる見込みはありません」

「ダンツィク教授は、そんな男を推薦して来たのかね。君がかねがね高く評価していたスタンフォードのPh.D.も、当てにならないということだな。まあ仕方がないが、二度とこのようなことがないよう注意してくれたまえ。これ以上ここの評判が落ちると、また予算を削られるからね」

一〇メートル以上離れている二人の、秘かな会話が聞こえるはずはない。しかし何故かヒラノ青年は、全てを明瞭に聞き取ることができたような気がしたのである。

いつの間にかリンの話は終わっていた。このあと何を話したか良く覚えていない。着席した時拍手が鳴ったが、汗まみれのヒラノ青年の耳元でリンが、「Excellent!」と囁いたのが嘘のように思われた。

セミナーのあとリンは、自分のオフィスにヒラノ青年を誘ってくれた。コーヒーとドーナッツを持って部屋に入ると、強い西日が差し込んでいた。窓の外には、低い民家が並んでいる。ヒラノ青年のオフィスに比べると、まことに退屈な風景である。

「あなたは、素晴らしい博士論文をお書きになりましたね。フー教授は、さすがスタンフォードのPh.D.は粒揃いだ、と言っていました。ワシントン大学とは、学生の質が違うんでしょうね」

「そんなことはありませんよ」

「まもなくコーネル大学からやってくる、レス・トロッターとこのオフィスをシェアすることになっているのですが、この人はファルカーソン教授のお弟子さんで、凄い秀才だという話です。僕なんか、当たり前のことを当たり前にやっただけなので、小さくなっています」

コーネル大学とワシントン大学の秀才が西向きの相部屋なのに、スタンフォード出身の〝スター〟は、湖に面した最高の部屋を、しかも一人で使えることになっているである。

「僕の論文は、そんなに大層なものではありません。それに、あの論文には少々穴があるので、現在その修復に取り組んでいるところです。もう少しで解決出来ると思っているのですが、数学力が十分でないので苦労しています。ここに来たのは、マンガサリアン教授たちからアドバイスがもらえれば、するすると解けるかもしれないと思ったためです。それはそうと、あなたは数学科の出身ですよね」

「そうです。このところ、数学で博士号を取っても、なかなかいいポストがないので苦労しました。応用に近いことをやっていたので、ここで拾って貰いましたが、契約は一年限りで、延長はありえないと言われているので、これからまた職探しです。ここに居ると就職には有利だといわれていますが、待遇があまり良くないので、一日も早くパーマネント・ポストにありつきたいものです」

「待遇が良くないんですか？」

「月に六〇〇ドルと言われたのですが、ロビンソン教授と交渉して、一〇〇ドル上げてもらいました。子供が生まれたばかりで女房が働けないので、もう少し増やしてもらえないかと頼んでみたんです。貴方は業績があるから、僕より随分沢山貰っていらっしゃるのでしょうね」

「それほどでもありませんよ」と答えたものの、何の交渉も無しに一一〇〇ドルというオファーは破格である。二人の間には、卒業年次でいえば一年しか差がないのである。

こうして、フー教授やロッサー所長が自分に寄せた期待の大きさを知ったのだが、それが過大評価だったことが分かった今、ヒラノ青年の立場は一層苦しいものになっていた。

〝ダンツィク教授の秘蔵っ子〟から〝リッター以来のドジ〟に転落したヒラノ青年は、毎日モンスターと格闘していた。時折霧が晴れることがないわけではなかった。雲の合間に新しい峰が見えている。しかしそちらに向かって歩き出すと、またすぐ霧が出てくる。やっとの思いでこの峰にたどり着いても、そこに約束された旗はない。

スタンフォード時代に、ヒラノ青年はありとあらゆる〝山登り法〟を学習した。そのための体力も、十分に養ってきたつもりだった。しかし、日本に戻ってからの一年間、これらの方法をどのように組合せても、最高峰に到達する方法を見つけることは出来なかった。

〝この問題を解くには、全く新しい何かが必要である。そしてそれを見付けるには、どうしてもアメリカに行かなくてはならない〟。こうしてウィスコンシンにやってきたのだが、間もなく新しい何かが見つかる可能性はほとんどないことを知った。

一〇月半ばにマンガサリアン教授のアレンジで開かれた計算機科学科主催のセミナーで、格闘している問題の要点を説明したところ、会場にいたメーヤー教授が、

「それを解くためには、結局のところリッターの問題を解かなくてはならないのではないか」

と指摘し、マンガサリアン教授がセミナー後のディスカッションで、

「これは難問だ。これが解決できれば、あの時苦労したリッターの問題も解決できるはずだ」

とコメントしたからである。

マンガサリアン、メーヤー両教授は、山登り法の世界的権威である。〝彼等が総力を挙げて取組んだにも拘わらず、解決できなかったモンスターと同程度に難しいのであれば、俺が逆立ちしても解けるはずはない！〟。

駄目だと知りながら、ヒラノ青年はその後も堂々巡りを繰返した。モンスターを横に置いて、別の問題に取り組もうとすると、頭の中でモンスターが暴れ出すからである。

「俺から逃げ出そうというのか。そうはさせないぞ。俺も一緒について行くからな。眠っていた俺を起こしたのは、トイの爺さんだ。しかしあいつは賢いから、俺を一旦塩漬けにして地下に埋め込んだ。その場所を探り出して、また地上に甦らせたのがリッターだ。あいつはなか

なかできる奴だったが、俺を甘く見て罠にはまった。その代わり、俺もまた地下に埋め込まれたってわけさ。

そこにやってきたのがお前だ。お前はリッターより頭は悪いが、現場を知っているのが強みだ。俺が余りに難物なので、身体の一部を切り取って詳しく調べようとしたってわけだ。そこのところは買ってやろう。折角俺に取り付いたからには、ただのモンスターではなく、大モンスター様だということを証明してもらおうじゃないか」

朝八時半過ぎにオフィスに到着したあと、ヒラノ青年はモンスターとの戦いで午前中を過ごし、昼になるとスタンドで買ってきたハンバーガーを食べ、午後の数時間またモンスターと格闘した。

家に帰れば、夕食後はテレビを見ながら、ウィスキーを最初はチビリチビリ、次第にゴクゴク、そして遂には浴びるように飲んで酔いつぶれて眠る。

妻はその間、四年生の健太郎と一年生の麗子の勉強相手をして過ごしていた。月曜から金曜まで、判で押したようにこれが繰り返されるのである。

ウィークエンドも、寒さの中で出かける先といえば、街はずれのショッピング・モールくらいしかない。二〇〇近い店舗が集まったウェストタウン・モールに連れて行くと、妻と子供たちはどこかに消える。ヒラノ青年はもっぱら、ディスカウント・レコードを漁って時間を過ごした。

　一一月はじめのマディソンは、すっかり冬である。落葉樹はとうの昔に裸になり、来る日も来る日も厚い雲が垂れ込める。窓から見るメンドタ湖にヨットの影は無く、湖面はねずみ色に蔽われる。

　人間は陽射しさえあれば、生きることに希望を見出すことが出来るものである。いつまで続くとも知れぬ曇り空の下で、ヒラノ青年の苦悩は深まっていった。しかしこの時は、やがてやってくる冬がどんなに厳しいものか、分かっていなかったのである。

　アメリカの心理学者ジョージ・ミラーによれば、人間の脳には七つのレジスターがあるという。研究者の場合について言えば、そのうち二つくらい空いているのが理想的である。詰まり過ぎていると、新しく発生する問題に対応できない。その一方で、ほとんどのレジスターが空になっていると、何も生まれてこないからである。

　つまり、一つか二つのレジスターに〝問題〟をつめ込んで、それを熟成させることが大事なのである。ところがこの時、三つのレジスターがモンスターに、二つのレジスターがアメリカ暮らしに伴う様々な問題に占拠され、空きスペースはほとんどなくなっていた。

　ここに新たな問題が加わった。原因は〝飲んだくれ〟の出現だった。その名はジョン・ダンスキン博士。十数年前に発表した著書で有名になったものの、いまは定職をもたずに、各地の大学を渡り歩くこの風来坊は、一〇月から三ヶ月の契約でこの研究所に滞在していた。

世界最高峰といわれるプリンストン大学数学科の出身だから、若い頃は秀才だったのだろう。年の頃は五〇歳くらいで、ヒラノ青年よりやや背は低いが、腹周りは一メートルもあろうかという肥満体である。ツンツル天のチョッキのボタンは宇宙の彼方に飛び去り、その隙間から肉の一部がはみ出していた。

そして昼間だというのに、内ポケットからウィスキーの小ビンを取り出して、チビチビやっているのである。朝から酒臭いこの男は、夕方には完全に出来上がっていた。

この飲んだくれは、しばしばヒラノ青年のオフィスに姿を現し、難解で時代遅れになった研究テーマについて、微に入り細を穿った説明を始める。一旦始まると、終了までの一時間これにつき合わされるのである。

人がいいリンも、同じ目にあっているということだった。どうせなら、二人まとめてやればよさそうなものだが、相手はいくらでも時間がある御仁なのだ。

断ろうと思えば、出来ないわけではなかったが、そうしなかったのは、この研究所の中で人間らしさを感じさせる人といえば、リンとロビンソン助教授以外には、この人しかいなったからである。あとは、しみだらけの脳ミソが服を着て歩いているような老大家ばかりである。

ヒラノ青年の大失態については、全ての専任スタッフが知っているに違いない。制御理論が専門のカールマン教授は廊下ですれ違う度に、「どうだい。何かいい結果が出たかね」と尋ねてくれたが、その他の教授はヒラノ青年と眼もあわせようとしなかった。リッター以来のドジは、人と顔を合わせないよう、一日中オフィスに閉じこもっていた。

一一月初めのある日、帰宅しようとしていたところに、酩酊したジョンが姿を現し、いきなり喋りはじめた。

「ジョージ（ダンツィク）は、君らの業界では偉い人だということになっているようだが、俺から見ればただの計算屋だ。いつも封筒の裏を使って、チョコチョコ計算をやるのが好きな男でね。しかし、弟子にはスゴイ奴が居た。例えばエリス・ジョンソン。それにロジャー・ウェッツ。エリスが剃刀だとすれば、ロジャーは斧だ。

君はジョージに可愛がられたそうだが、気をつけるんだな。若い頃にいい仕事をしたきり、その後は鳴かず飛ばずという人間が多いからな。

君はジョン・ナッシュ（後にノーベル経済学賞を受賞し、『ビューティフル・マインド』という映画のモデルになった）を知っているかね。あいつは頑張りすぎて、あっち側に行っちまった。CIAの罠にはまったという説もあるが、本当のところは、難しい問題に深入りしすぎて気が狂ったんだ。あれを見て俺は怖くなった。それ以来鳴かず飛ばずよ。

このところ少し勘が戻ってきたが、五〇を超えると根気が続かない。アイディアはたくさんあるのに、細かいところに来ると駄目なんだ。こんな時、ジョージのようにいい弟子が居れば、そいつに細かいツメをやらせることもできる。いい弟子が居る奴が羨ましいよ。

しかし俺は決してこのままでは終らないぞ。必ずいつかあいつらを見返してやるんだ。どうだ、俺と一緒に論文を書かないか」

「……」

「そんなにいやな顔するなよ。もちろん冗談だよ」

ジョンは、まだヒラノ青年が〝リッター以来のドジ〟だということを知らないようだった。アル中男とまともに付き合う人はいなかったからだろう。しかし、そのうちにこの男にも分かる日が来る。全所員が知っている事実が、最後までばれずに済む可能性は小さい。その時までダンツィク教授の秘蔵っ子を演じ続ければ、反動も大きいだろう。こう考えたヒラノ青年は、ジョンに一部始終を告白した。

しかしこの男の反応は、予想と違った。

「そのことは知っている。君の論文はあちこちで評判になっていたので、去年ここに居たときに読んだ。そしてあの定理の証明が少々怪しいということも知っていた。君がフー教授からやられて参っていることも、リンから聞いている。

しかし俺は、君の論文を読んで、なかなかのものだと思ったよ。あの論文のいいところは、現実問題に立脚している点だ。第二部に書いてあった応用問題は、様々なところで利用できるものだ。ああいう面白い問題を発掘して、世間にその重要性を知らしめただけでも十分な価値がある。

証明の細部に穴があったからと言って、そんなものは本質的じゃない。大体の問題はあの方法で解けるんだし、収束性定理については、そのうち誰かが修復してくれるさ（この証明は二〇年後に、ポーランド出身の若者によって修復された）。ジョージ（ダンツィク）も、そのあたりはわかっていたはずだ。だってそうだろう。リッター事件は、全米に知れわたった大事件なんだから。ジョージは全体として見た時、君の論文は博士論文として、十分な価値があると判断したんだ。

だからフーにバカにされても、余り落ち込むな。あいつだって、若いころは順調だったようだが、ここしばらくロクな論文を書いていないんだ。研究者には波がある。いずれ君にも運が回ってくるから、あんまり落ち込むな。少し気楽に考えるんだな。

俺は論文が書けなくなったときに酒にはまって、一〇年以上を無駄に過ごしてしまったが、決して酒に頼ってはいけない。君には女房も子供もいるんだから、家族を守るためにも俺みたいになっちゃ駄目だぞ」

しかしこの言葉は、ヒラノ青年の慰めにはならなかった。ファルカーソン教授やアドラーに指摘されるまで、自分の論文に自信を持っていた。応用を扱った第二部は、理論を扱った第一部と完全にバランスがとれていた。この論文によって、重要な応用問題が解ける可能性が生まれたのである。

しかしそのためには、第一部の定理の正しさが保証されなければならない。新しい応用問題をいくつ発掘したとしても、それが〝必ず解ける〟のでなければ意味がない——。〝大体の場合うまく解ける〟、ではだめなのだ。

ダンスキンの励ましは、マイナスの効果をもたらした。〝この男は、俺が自分と同じ道をたどることを見越しているのではないか。どこかで力尽きてやる気を無くし、酒に溺れる毎日（もうそうなっている‼）。そして家族に見捨てられ、何一つまともな研究成果を出すことなく朽ち果てる人生〟。

ジョンは二〇年後のヒラノ青年そのものだった。そしてそこに重なったのが、父・茂夫の姿だった。

父は間もなく六三歳になろうとしていた。大学の同期生のほとんどが、有力大学の教授に納まっているのに、博士号がないため、いまだに駅弁大学で助教授勤めである。大学では何十年も基礎数学を担当し、家に帰れば中学生や高校生を相手に中等数学を教えて、生活費の足しにする。そしてその合間には、映画を見たり、数学とは関係がない教養書を読みふけっていた。

本業を投げ捨てた父は、子供の眼から見ても明らかな敗残者だった。

〝父にとって、世間的成功は意味がないことなのだろうか。そんな筈はない。若い頃はいろいろ悩んだに違いない。そしてどこかで力尽きて、人生を投げたのだ。あんな人生を送るくらいなら死んだ方がましだ。しかし俺が死んだら、妻や子どもたちはどうなる。金もないし住むところもないから、路頭に迷う〟。

12　死刑台のエレベーター

思い返してみると、ヒラノ青年が毎晩酒を飲むようになったのは、博士資格試験が終わってからである。毎日一四時間の勉強に明け暮れている間は、酒を飲んでいる暇はなかったが、試験が終われば長い夜が待っていた。

映画やテレビは、セリフの細部が分からないので面白くない。唯一の楽しみは音楽だった。六〇年代末から七〇年代始めにかけて、アメリカン・ポップスはその絶頂期にあった。

キャロル・キング、ディオンヌ・ウォーウィック、バーブラ・ストレイザンド、リンダ・ロンシュタット、ロバータ・フラックなどの女性歌手、アンディー・ウィリアムズ、ジョニー・マティス、エンゲルバート・フンパーディンク、レイ・チャールス、スティービー・ワンダーなどの男性歌手、そしてジャクソン・ファイブ、カーペンターズ、フィフス・ディメンションズ、サイモンとガーファンクル、ダイアナ・ロスとシュープリームズ、テンプテーションズといったグループが全盛期を迎えていた。

またフランク・シナトラ、ペリー・コモ、エルヴィス・プレスリー、サッチモ、サミー・デイビス・ジュニアなどの大物も、まだ現役だった。

長い夜を過ごすため、ヒラノ青年は次第に多くの酒を飲むようになった。ビールやワインは、日本の三分の一の値段で売られていたし、スコッチも半額以下で買えるから、飲もうと思えばいくらでも飲めた。しかし日本に戻ってからは、子供二人を抱えたサラリーマンが飲めるのは、週に二～三本のビールが限度だった。

ところが、マディソンに来てから、たがが外れた。昼間はトイのモンスターが、そして夜になると無残な未来図が押しかぶさってくる。夜中に眼を覚ませば、漠然たる恐怖がムクムク膨れ上がる。何がどうというわけではなく、ともかく恐ろしいのである。

恐ろしい夢には終わりがある。しかし、わけの分からない恐怖に終わりはない。眼が覚めると、暗闇の中で不安が拡大していく。これを鎮めるには、また飲むしかない。こうしてヒラノ青年は、ひとたび眠ってしまえば、朝まで眼が覚めないことを保証するだけの酒を飲んだ。

ビールは、夜中に起きなくてはならないのが問題だ。ワインは、翌朝必ずひどい頭痛である。行き着く先は、スコッチのストレートか水割りである。酒量は次第にエスカレートし、やがてボトル半分以上飲むようになった。ダンスキンの忠告は身に沁みたが、だからと言って酒をやめるわけにはいかなかった。

一二月に入ると、寒さは一段と厳しさを増した。長期予報では、平年並みということだったが、一二月半ばには北極から寒波が押し寄せ、生まれて初めて零下三三度を体験した。思ったほどのことはないと思ったものの、一〇メートルの風が吹けば、体感温度は一挙に零下四〇度に下がる。

フー教授はマディソンの気候について、「夏は夏らしく、冬は冬らしくて素晴らしい」と言っていたが、カリフォルニア・サンシャインを知っている人が、このような言葉を発するのは解せないことである（この人は数年後に、常夏の地サンディエゴのカリフォルニア大学に移ってしまった）。

ヒラノ青年は、毎朝子供たちを学校に送り届けた。零下一〇度以上の日は、八時の開門まで外で待たされる。一方、八時を五分過ぎたら遅刻である。風速一〇メートルのときの体感温度は零下一五度を下回る。こんなところに一〇分も立っていたら、厚いコートを着ていてもかなりこたえるはずだ。

八時ちょうどに校門に着くのが理想である。しかし、この時間帯は送迎の車で溢れているから、一〇分前に到着する必要がある。しかし雪の日に、スケジュールを守るのは容易でない。零下二〇度の朝は、エンジンがかかるまで三分、フロント・ガラスにはりついた分厚い氷をはがすために一〇分、そして三マイルのアイスバーンをそろそろと運転して行くのだから、計算通りにはいかないのである。

子供たちを下ろしたあと、一〇キロ先の大学に向かう。大通りの雪は取り除いてあるが、大学の中はそのままである。駐車場に車を停め、一〇〇メートル以上離れたオフィスまで、寒風の中のヨチヨチ歩きは、高度なスキルを必要とした。

そんなわけだから、一旦建物に入ってしまうと、夕方五時までオフィスに閉じこもり切りになる。昼は家から持ってきたサンドイッチか、一階の自動販売機で五〇セントのハンバーガーを買って、備え付けのレンジでチンして、部屋に戻って食べる毎日である。

仕事がうまくいっていればこれでもいい。しかし、一旦落ち込めばどこまでも落ちていくのがマディソンの冬である。

スタンフォード時代にも、落ち込むことはあった。特に最初の半年は、極限まで追いつめられていた。しかしカリフォルニアには、素晴らしい日射しがあった。外に出て芝生に寝転び、ハダカ同然の女子学生を見ていると、少しは気が晴れる。それに、あのころは何人かの友人が居たし、気分転換に海を見に行くことも出来たのである。

ミシシッピ川の流域周辺は、グレート・プレーンズ（大平原地帯）と呼ばれている。ウィスコンシンから南に下って、イリノイ、ミズーリを経てテネシー、ミシシッピにいたる約二〇〇〇キロの間に、山と呼べるような場所はほとんどない。だから夏の間は、メキシコ湾からの熱風が平原を駆け上がり、ウィスコンシンに三〇度を超える高温や竜巻をもたらす。

一方北に向かって、ミネソタ州からカナダのマニトバを経て、北極に到る数千キロも高い山はない。したがって、北極の寒気がカナダを突っ切って、ウィスコンシンに押し寄せるのである。幸い、この年は暖冬という予報だったが、ここで暖冬といえば、零下三〇度以下にはならないという意味である。因みに零下四〇度といえば、摂氏と華氏が等しくなる温度であるが、ウィスコンシンに来るまでのヒラノ青年にとって、これは連立一次方程式の応用問題に過ぎなかった。

一二月末に零下三三度を記録したあと、一月には二度にわたって零下二八度の寒波が襲った。こんな夜には、市街地を取りまく環状道路の外に出ないように、という警告が出る。ガス欠やエンストで立ち往生すれば、たちまち凍死である。携帯電話があれば急を知らせることも出来るが、七〇年代にはこのような便利なものはなかった。

こんな日に人々は、家の中で寒波が去るのを待つ。ある程度の所得がある人は、スポーツ・ジムに通うなどして健康維持に努めていたが、一般庶民の楽しみは、凍結した湖面でのスケートとアイスホッケーくらいしかない。しかし、それが出来るのは若者だけである。

中年以上の男女は、家にこもってフットボールやアイスホッケーのテレビ中継を見て暮らすうちに、一冬で五キロくらい増える。夏の間に二キロ減量しても、二〇年後には体重一〇〇キロ超の肥満体が群生する。
実際、この土地に住む中年女性の三人に一人は一〇〇キロを超えていたし、隣りのブロックには、五五〇ポンド（二五〇キロ）の肉塊が住んでいるということだった。新聞記事によれば、アメリカ人女性の平均体重は、七六キロ（！）だという。

はじめて管理人のグレッタに会ったときは、カレン・ブラウン夫人を上廻る腰の太さに圧倒されたが、間もなく気にならなくなったのは、この人がたった九〇キロしかなかったからである。一〇〇キロを超えずに済んでいるのは、次男のケントが非行を繰り返すので、心労が多いためである。

このような酷寒の地では、大学の建物はなるべく窓が少なくなるように設計されている。研究所のオフィスは全て窓付き（もちろん二重窓）だが、数学科の古い建物には、中心部分に窓なし部屋があって、そこには若手助教授や大学院生が詰め込まれていた。

冬でも窓を開けると、爽やかな風が吹き込んで来るスタンフォードと比べると、窓なし部屋はまるで地下の独房だった。

二月初めに再び零下三〇度の寒波が襲ったが、こんな日には小学校は休校になる。どうせなら、一生に一度タイヤがへこんで半月形になるのを見たいものだと思ったが、これが寒さのピークで、それ以降は零下三〇度を経験することはなかった。

しかしヒラノ青年の心の中は、零下四〇度の寒気が渦巻いていた。モンスターを退治する道が閉ざされてから、すでに三ヶ月が過ぎようとしていたが、依然としてモンスター・ピースが〝箱入り娘〟のように脳を埋め尽くしていた。もし妻や子供がいなければ、零下三〇度の夜に田舎道に出て、エンジン・プラグを抜いていただろう。

やれる仕事といえば、独創性がなくても済む、教科書の翻訳だけだった。年明けから約三ヶ月間、午後の時間は全てを翻訳の仕事にあてた。そしてこの仕事が終わると、何もやることがなくなってしまった。

こんなある日、ヒラノ青年は久しぶりにフー教授から呼び出された。

「最初の時に言っておいたはずだが、ここに居る間にできれば二編、少なくとも一編は論文を書いてもらいたい。何もしなかった人にお金を支払ったとなると、スポンサーがうるさいので、そのあたりのことは分かって欲しい。ところで君は、この頃はどんな研究をしているのかね」

「もうすぐ、在庫管理モデルに関する論文がまとまるはずです」

「それは良かった。じゃあまとまったら、なるべく早く提出してくれたまえ」

苦し紛れの言い訳だったが、これは悪くないアイディアだった。スタンフォード時代に、ヴィーノー教授の講義の期末レポートがAプラスの評価を得た上に、教授から特別なお褒めの言葉を頂戴したものである。

書いた当時は大した仕事だと思わなかったが、暮れに訪れたシカゴ大学で、スタンフォード大学の先輩であるザングウィル教授からこの論文について質問を受けたことがあった。もうどこかのジャーナルに投稿したかと訊かれたので、そのままにしてあると答えたとき、早く投稿するように勧めてくれたのだ。

三週間かけてまとめた論文は、自慢できるほどのものではないが、在庫管理理論の専門家であれば、〝ナルホド〟と納得してくれるはずの内容だった。四月末にこの論文をフー教授に手渡したとき、これで最低限の約束を果たすことが出来た、と胸をなで下ろしたのである。

このあとヒラノ青年は休暇を取って、家族とともに旅に出た。行き先はプルマンにあるワシントン・ステート大学である。まだ寒さは残っていたが、春は近いと思わせる風の中を、一路真西に向かってアイオワ、ネブラカス、ワイオミング、アイダホを横切り、ワシントン州のプルマンまで約二五〇〇キロの旅である。

妻と子供たちは、ルート九〇を真西に向かう、一日八〇〇キロの退屈極まるドライブを楽しんでいた。

ワシントン・ステート大学は、お世辞にも一流とは言えない大学である。ミシガン大学とミシガン・ステート大学、ペンシルバニア大学とペンシルバニア・ステート大学の間にかなり差があるように、シアトルのワシントン大学とプルマンのワシントン・ステート大学の間にも、かなりの差がある。

ヒラノ青年がこれまでに訪れたのは、一流大学ばかりだった。何故なら一流の研究者は、一流大学にしか居ないからである。

ワシントン・ステート大学の招待を受けたのは、アメリカの二流大学がどのようなところか見てみたかったからである。もし自分がアメリカ人だったら、超一流のスタンフォード大学を卒業したあと、一流のウィスコンシン大学の助教授ポストを得たものの、三年後にクビになって、どこかの二流大学に身を寄せていたはずだからである。

プルマンの人口は約三万、州都のシアトルまで五〇〇キロ、人口二〇万人のスポケーンまで一〇〇キロもある田舎町である。数学科のセミナーで、〝在庫管理モデル〟に関する講演を行ったあと、スタンフォード時代に知り合ったロバート・ミフリン助教授から、この大学の状況を詳しく教えて貰った。

講義は毎学期三科目、五〇分講義を週に九回（もしくは七五分講義を週六回）である。過重な講義、レベルが低い学生、乏しい研究費、やる気がない年配教授たち。マディソンほどではないが、寒くて暗い冬。もっといい大学に移りたいのはやまやまだが、数学科は全国的に縮小過程に入っているので、ここのポストがみつかったのはラッキーだという。

分かったことは、**アメリカ**の二流大学**より**、電力中央研究所の方が研究環境がいいということとだった。表通りには豪華な建物が並んでいるが、一歩裏通りに入ると貧民街が広がっている二重構造、これが競争社会アメリカの実態なのだ。

帰路は、サウスダコタのラピッド・シティーに立ち寄り、岩壁に彫られた大統領の像を見物した。ノース・ダコタのバッドランド（！）と呼ばれる荒れ地では、これまでに経験したことがない大雷雨に見舞われた。車の中は安全だと言われているものの、子供たちが泣き叫ぶ中、生きた心地がしなかった。

マディソンに戻ったヒラノ青年を待っていたのは、死刑台のエレベーターだった。

その日ヒラノ青年は、五時過ぎにオフィスを出て、エレベーターを待っていた。一一階から下りて来た箱の中に居たのは、フー教授と秘書のサンドラである。

「一週間ほど休暇を取っていましたが、昨日戻りました」

「この間もらった論文だけどね。あのような論文は、書かない方がいいんじゃないかね」

〝書かない方がいい論文⁉　それほど酷い論文ではないはずだが、それにしても何故秘書が聞いているところで、こんなことを言わなくてはならないのか？〟。サンドラは驚いた表情で、二人の顔を見比べていた。エレベーターを降りて、サンドラが居なくなってからヒラノ青年は尋ねた。

「あれは論文一編とカウントして頂けない、ということでしょうか」

「そう言っているわけではない。この研究所の基準で言えば〝below standard〟だが、一応論文の体裁は整っているので受け取ることにした」

〝Below standard!〟。この一言でヒラノ青年は礫になった。忘れもしない。ガムをニチャニチャさせながら、運転免許試験で不合格判定を下した、あの試験官の言葉である。

春が来たのは五月だった。本来であれば、ここで少しは明るい気持ちになるはずだった。一月にはベトナム和平交渉がまとまり、キャンパスも静けさを取り戻していたし、秘書（セクレタリー）たちは、〝セクレタリアト〟という名前の馬が、三冠王になるかどうかで盛り上がっていた。

しかしヒラノ青年は、依然として真っ暗な毎日を過ごしていた。モンスターを退治する手がかりは見つからなかったし、折角書いた論文は酷評された。

新しい問題に取り組もうと思っても、トイのモンスターがそれを妨害する。結局半年の間に仕上がったのは、〝書かない方がいい論文〟と〝絶対に売れない教科書の翻訳〟だけだった。

六月に入った頃には、ヒラノ青年は完全な落後者になっていた。三三歳の青年の心は、老人のように萎えていたのである。それでもウィークデーは、九時から五時まで机の前に座っていた。研究する意欲をなくした男は、メンドタ湖を眺めながら、ラジオでウォーターゲート事件の議会審議を聴いて過ごした。

ジョン・ディーン三世が、ニクソン大統領を告発する証言を聞きながら、〝腹心の部下に、このような形で告発されるとは、何という無残な運命だろう。このような恥辱を受けたニクソンは、これからどのような余生を送るのだろう〟と思ったが、ヒラノ青年が置かれている状況も八方塞がりで、ニクソンに同情していられるようなものではなかった。

13　悪い知らせ

六月も終わろうとするころ、ヒラノ青年はロッサー所長から呼び出しを受けた。この人と一対一で話をするのは、新任のあいさつをして以来である。数学史に残る業績を挙げた大数学者は、柔和な笑顔で激励の言葉をかけてくれた。〝なかなかいいおじいちゃんだな〟。これがその時の印象だった。

しかしそれ以後は、フロアーが違うせいもあって、滅多に顔を見る機会はなかった。秘書によれば、高齢の所長は体調がすぐれないので、あまり大学には出てこない、ということだった。ドアをノックすると、ややあって三つ揃いの背広を着た老大家が顔を出した。

「ああ君か。入りたまえ」

「おじゃまします」

「実は昨日、ワシントン・ステート大学の数学科から電話があって、君の推薦状を書いてくれないかと頼まれた。先方は、君を有力候補の一人と考えているということだったが、残念ながらお断りしておいた」

「……」

「君との契約は九月一杯で切れるが、そのあとはどうする予定かね」

「昨年まで勤めていた研究所に戻るつもりです」

「それはよかった。これから先頑張れば、またチャンスが巡ってくるだろう。では幸運を祈るよ」

ワシントン・ステート大学に招待されたとき、採用のオファーがあるかもしれないと思っていた。しかし、プルマンに行ってみて、仮にオファーがあっても断るつもりでいたヒラノ青年は、所長の言葉に強烈なショックを受けた。

〝Below standard〟などという生易しい話ではない。〝Much much below standard〟だということだ。推薦状を書きたくないなら、書かなければいいだけの話なのに、競争社会アメリカは、〝敗者が無駄な希望を抱かないように〟、情容赦なく死刑宣告を下すのである。

度重ねて死刑宣告を受けたヒラノ青年は、身も心もズタズタになった。こんな男に追い打ちをかけたのが、父の病状悪化を知らせる母からの手紙だった。

五〇代はじめに軽度の心筋梗塞を患ってから、父は医者の指示を忠実に守っていた。このため心臓は順調に回復し、正常人とほとんど違わない生活が出来るようになった。しかし、三年前の定期検診で軽度の糖尿病であることが分かり、これまた忠実に食餌療法に努めていた。

「浩さんへ
元気ですか。道子さんと孫たちは元気にしていますか。

前にも書きましたが、このところお父さんの具合が悪いので困っています。医師の血糖降下剤の処方に間違いがあって、規定量以上を服用したために、脳に糖分が廻らなくなり障害が出たのです。

医師は、薬の処方に間違いがあるはずはないと言って譲りません。それでは何故急にこんな風になったのかと聞くと、原因不明で痴呆になるケースもあると言って、責任逃れするのです。兄が医者だったから知っていますが、医師が薬の処方を間違えるのは、決して珍しいことではないのです。埒が開かないので、裁判を起こそうと思っていますが、お前の知り合いでいい弁護士さんはいないでしょうか。

太郎は、裁判なんかやっても無駄だからやめろと言っていますが、そうでもしなければとても気持ちが納まりません。山形高校はじまって以来の秀才と呼ばれたお父さんが、あんなふうになってしまうなんて、薬のせいでなくて何でしょう。

今では、私の言うことが分かっているのかどうかもはっきりしませんが、それでも火曜日の朝になると、背広を着て大学に出かけようとするので、毎週私が静岡まで付いて行くことにしています。

太郎はもう退職させた方がいいと言っています。でもそうすると、退職金も年金も三割近く減ってしまいます。最後の半年は休職扱いにして貰えるので、何とかあと一年三ヶ月勤め上げてもらいたいと思っているところです。

こんなことを書くと、あなたが心配すると思って今まで書きませんでしたが、帰ってきたら相談に乗って下さい。では道子さんと孫たちによろしく。


母より」


暫く前に届いた手紙には、少し具合が悪いと書いてあったが、これほど悪いとは考えもしなかった。普通であれば、薬を規定量以上服用して異常が出れば、直ぐに分かるのではないだろうか。大量服用したとすれば、それは本人が誤って規定量以上を服用したか、医師の処方ミスのいずれかだ。

糖分が不足したために死んだ脳細胞は元に戻らないが、死ななかった細胞は、その後糖分を供給されれば生き続けるはずだ。だから徐々に病状が悪化したのだとすれば、何か別の原因で痴呆になったのだ。

そこでヒラノ青年は、日本から運んできた家庭医学事典を調べてみた。可能性がある病気は、脳梗塞とアルツハイマー病の二つである。

血圧が高かった父は、脳梗塞になる危険性は十分あった。これは、年を取れば誰もが罹る可能性がある、ありふれた病気だ。軽度であれば薬で治癒するし、手術を受ければ回復する。いずれにせよ医師には直ぐ分かるはずだ。

薬のせいではないとすれば、アルツハイマー病だ。脳が次第に萎縮していくこの病気に治療法はない。早ければ四〇歳前に発病し、やがて痴呆になる。

小学生の頃から、ヒラノ青年はいつも病気のことを心配しながら暮らしてきた。最初は心臓が止まるのではないか、という恐怖だった。夜な夜な少年の心臓は飛び跳ねていた。いわゆる心房の期外収縮で、心臓が止まる心配はないが、小学生にそんなことが分かるはずはない。誰にも相談することが出来ず、明日の朝日が覚めるだろうか、と心配しながら眠ったものだ。

不整脈は一年ほどして納まったが、次にやってきたのが梅毒の恐怖だった。母が言うところによれば、近所を徘徊する白髪の老女は、脳梅毒に罹っているということだった。次第に脳が腐って行く病気だ。しかも六〇過ぎの老女だと思ったのに、まだ四〇代だというではないか。そばに来ても感染することはないというが、患者が口をつけたコップに触れれば、うつるかもしれない。ヒラノ少年の恐怖はふくれ上がった。

財産がない家に生まれたからには、脳みそで勝負するしかないと考えていた少年にとって、脳が腐る病気ほど恐ろしいものはなかった。

中学に入って保健の先生に、「梅毒菌はジメジメした場所にしか住まないから、余り心配することはありません」と教えられ、ハハーンと納得してから恐怖の対象は癌になった。祖父や友人の親たちが、次々とこの病気で死んだからである。

病気に対する恐怖が消えたのは、一〇年近く思い続けた恋人に振られて、将来に対する希望を失ってからである。失恋の辛さに比べれば、まだ罹ってもいない病気など、どうでもいいことだった。

結婚してからは、生活に追われて病気の心配をしている暇はなくなった。しかし三〇代半ばになって、また病気に対する恐怖が戻ってきたのである。

〝父がアルツハイマー病に罹っているのだとすれば、兄弟三人の中で一番父に良く似ている俺も、この病気になる可能性が高い。三〇年後には廃人になるのだろうか?〟。

14　不運な人

ヒラノ青年の父は、明治四二年（一九〇九年）に山形市で生まれた。自分のことについては何も語ることのない寡黙な人だったから、戦争が終わるまでのことは、母や叔母達の断片的な言葉を繋ぎ合わせて、勝手に想像していることに過ぎない。しかし様々な事実と照らし合わせると、以下に書くことの九〇％は正しいはずである。

父の実家は、両親と弟妹三人の六人家族で、祖父は末端の地方公務員だった。子供の頃の父について知っていることと言えば、休みの日には、一日に数本しかやってこない列車が通過するのを待って、線路際に立ち尽くしていた、ということくらいである。

余程の汽車好きだったのか、家にいるのがいやだったのか、それとも東京に向かう汽車を見て、文明の中心地に思いをはせていたのか。今となっては知る由もない。

話は山形高校時代に飛ぶ。父の親友である母の兄・正明によれば、高校時代の父は開校以来の秀才と呼ばれ、その数学的才能は山形県全体だけでなく、仙台にまで鳴り響いていたということだ。

学校が終わると父は正明の家に直行し、夕方遅くまで家に帰らなかった。おそらく、母が好きだったからだろう。

山形高校を卒業したあと、父は地元の篤志家の援助を受けて、東京帝国大学数学科に入学した。ここは定員が一〇人程度の小さい世帯で、学生の大半は東京のエリート校である一高、東京高校、そして全国のナンバー・スクール（仙台の二高、京都の三高など）で切磋琢磨してきた秀才たちである。

東京に友人や親戚がいるわけではなく、性格にも柔軟性がなかった父は、ここで大きなカルチャー・ショックを味わった。東北訛り（いわゆるズーズー弁）の父が受けたショックは、息子がスタンフォードで経験した以上のものがあったはずである。

同期生より三つ四つ年上だったヒラノ青年には、かなりの蓄積があった。しかし、母が言うところの〝田舎の秀才〟の数学レベルは、東京のエリートたちと比べて差があったと思われるからである。

今も昔も変わらないが、高校の数学と大学の数学の間には大きな断絶がある。高校時代の数学は、数少ない基本コンセプトをもとにして、具体的な問題、しかも必ず答えがある問題を解くことが中心である。

しかし、プロを育てるための数学科の数学は全く違う。ここでは、次々と登場する新しいコンセプトや定理を素早く整理して、整然と頭の中に並べて行かなくてはならないのである。ヒラノ青年が大学二年生のときに履修した微分幾何学の講義は、数学科の講義そのもののハイレベルなものだったが、新進気鋭の助教授が講義に先立って、

「諸君！　数学は暗記科目です。だから、内容が分からなくても丸暗記して下さい」と言い放ったとき、教室はざわめき、その後ひとしきり学生たちの間で激論が交わされた。〝数学イコール暗記科目〟宣言に強く反発した学生が多かったが、今にして思えばこれはある程度当たっている。

東京大学数学科の教授は、定理の連鎖を頭に納めて競争に勝ち残った人だから、普通の人から見れば脳ミソのオバケである。その上彼らは総じて、学生に対する思いやりを欠いている。出来が悪い学生にも気を配りながら行う〝教育〟という行為を最も等閑視しているのが数学科教授であることは、大学に勤める者が共通して持っている認識である。

父は全国から集まった秀才たちの中で落ちこぼれた。そして孤立無援の生活に耐え切れず、母に結婚を申し込んだ。母は〝面白くもない〟男との結婚に乗り気ではなかったが、父と兄が強く勧めるのでしぶしぶ承諾した。

七人の娘を持つ父親としては、なるべく早く長女を嫁に出す必要があったし、山形高校の校長として、父の才能を熟知していたからである。

しかし、入り婿同然の長男の結婚に激怒した父の両親は、母に中傷を浴びせた。これに怒った父は家族と絶縁した。その怒りはすさまじく、長男であるにもかかわらず、二五年後の父親の葬儀にも出向かなかったということだ。

留年したために奨学金を打切られた父は、生活費を稼ぐためアルバイトに精を出した。指導教官であるA教授は、実力不相応な難問に手を出した父を〝苛めた〟。今でいうところのアカハラである。

母は言っていた。「あの教授はサディストで、学生をいじめて楽しんでいた。これを嫌った遠山（啓）さんたちは、東北大学に逃げ出した。お父さんもそうしていれば良かったのに、頑固だから私の言うことを聞いてくれなかった」と。

一年留年した後、父は名古屋の愛知一中を経て、二九歳のときに東京の府立一中（のちの日比谷高校）に職を得た。若者を教えることが好きだった父にとって、東京中の英才たちが集まるここでの生活は、一生の中で最も幸せな時代だったのではなかろうか。

その後父は、旧制静岡高校（後の静岡大学）の招聘を受け、昭和一八年の春、三三歳のときに助教授として赴任した。ところがその後まもなく、三菱重工の小鹿工場を狙った大規模な空襲が起こった。この工場で零戦が作られていたのである。

歴史に残る空襲が終わって防空壕から出たとき、ヒラノ少年は西側の空が真赤な炎に包まれているのを見て、言い知れぬ恐怖を覚えた。子供たちには知らされなかったが、このとき多くの人が焼死し、市の西部を流れる安部川の河原は死体で埋まったという。

空襲のあと、母と二人の息子は父親を静岡に残して、母の実家がある山形市に疎開し、町外れのあばら屋に住むことになった。ヒラノ少年はこのとき四歳だったが、冬の寒さとひもじさ、そして幼稚園で受けたいじめは今も記憶に残っている。

昭和二〇年八月、ラジオで玉音放送を聞いたあと暫くして、母子三人は静岡に戻った。新しく借りた家は、材木屋の倉庫を改造した二間のバラックである。

国が破産したのだから、国家公務員の給料の〝遅配〟は当たり前だった。遅配であれば次の月までに支払われるからまだいい。恐ろしいのは〝欠配〟である。遅配、欠配のたびに、母の着物と引き換えに手に入れたムギで食い繋いだ。

物ごころついて以来、ロクなものを口にしたことがない子供たちと違って、戦前はまずまずの生活をしていた父母の世代は、戦争の悲惨さをトコトンまで味わったはずである。

このような環境の中でも、父は山岳部の顧問教官を務めるなど、学生たちと楽しそうに過ごしていた。高校時代には、蔵王登山競争でトップを占めるほどの健脚だったのだ。材木屋の二階には、一〇人近い山男が下宿していたが、時折彼らはボロ屋にやってきて、ヒラノ少年にキャンディーやビスケットを分けてくれた。

静岡大学の助教授として赴任した父は、その後約四〇年をここで過ごすことになるのだが、小学生時代のヒラノ少年は母の言葉そのままに、父が山形高校始まって以来の秀才だという言葉を信じていた。

しかし、戦後の荒廃の中で内職ばかりしている父。それは初めのころのゴム靴の底張りから、後には近所の子供たちに算数を教える事に変わりはしたものの、残りの時間は数学とは関係がない本や雑誌ばかり読んでいる姿を見て、何となくおかしなものを感じ始めていた。

小学校に入って間もない頃、ヒラノ少年は母が兄に向かって、

「お父さんは博士論文を書いたのに、審査してもらえずにいるうちに、別の人に先を越されてしまった」と言っているのを耳にはさんだ。このときは大して気に止めなかったが、これは数学者としての父にとって、致命的な事件だったのである。

終戦直後は研究する時間があったとは思えないから、この結果が出たのは、戦争が終わる前だったのだろう。しかし、かつて喧嘩状態にあった学生に、指導教授が博士号を出すとは考えにくい上に、出身大学以外の大学から博士号をもらうためには、根回しや処世術が必要である。また学問の世界では、同じ頃に同じようなことを考える人が居るもので、審査して貰えずに居

るうちに、誰かに先を越されてしまったのだ。

これに落胆したためか、あるいは生活苦のためか、父はこのあと研究する意欲を失い、完全な落伍者になってしまった。ライバルに先を越されて、やる気を失った数学者は掃いて捨てるほどいる。

小学校を卒業して、一九五三年（昭和二八年）に東京に出てきたヒラノ少年は、高校三年の時に開かれた小学校の同窓会で、かつての担任だった石橋先生から、思いがけない質問を受けた。

「君のお父さんは、そろそろ五〇になるはずだが、まだ助教授なのかね」と言うのである。ヒラノ少年は即座に、

「そんなことはありません。父はずっと前から教授だったはずです」と答えた。なぜなら数年前のある日、母が兄に向かって
「お父さんは陰謀を廻らされて、学部長選挙で落選した」と言っているのを耳にしていたからである。学部長は教授の中から選ばれる、というくらいのことは、中学生でも知っていた。

石橋先生はヒラノ青年の語気に圧倒されて、話はそこでおしまいになった。しかしこれは、その後ずっと青年の心の中にわだかまっていた。研究しない父。静岡大学に勤務しながら、週の半分を東京で過ごす父。まさかと思いつつも、これを母に確かめてみる勇気はなかった。

そして大学に入って三年目の春、とうとう見てしまったのである。応用物理学科の図書室で、

「国立大学人事要覧」という本のページをめくって静岡大学にたどり着き、数学教室の教官リストの中に、「助教授　平野茂夫」と記載されているのを。

これを見たヒラノ青年は、足元をつき崩されるようなショックを受けた（それからあと半世紀近くにわたって、このトラウマに苛まれることになったのである）。しかしヒラノ青年は、このことを母にも兄にも言わなかった。

〝母は父に騙されているのかも知れない。父が母と兄を東京に送り出したのは、これを隠すための方策だったのではないか〟。

ヒラノ青年は、旧帝大のような業績中心の大学はともかく、駅弁大学の人事は、余程のことがなければ順送りだ、ということを知っていた。実際この当時、東大出身であるにも拘わらず、五〇歳を過ぎて助教授というケースは、地方大学では珍しかったはずである。

〝万年助教授〟は惨めなものである。給料は教授よりずっと少ない上に、重要な意思決定に参加する権限がない。学生も事務官も冷たい目で見る。キャンパスで定年間近の助教授と顔を合わせると、彼らは気まずそうに俯向いて視線を避ける。

こうなってみると、〝学部長選に敗れた〟を〝教授選に敗れた〟に置き換えると、話が呑みこめる。博士号や研究業績がなくても、少々〝政治的〟な判断が出来れば、東大出の父は教授になれたはずだ。

しかし、出世のための策を弄することが出来なかった父は、この時点で定年近くまで助教授に留まることが決まったのだ。実際父の名前の上には、父より若い教授の名前がいくつか記載されていた。

ヒラノ青年はこの時代、父がどのように辛い毎日を送っていたか、考えても見なかった。〝博士号がなければ教授になれない。博士になれなかったのは、大学生活に馴染めなかったせいだ。そしてそれは、東京に出てくるのが遅すぎたせいだ。最も才能を伸ばせるはずの年月を、無為に過ごしてしまった――〟。

こういう想いが、父の頭の中に立ち込めたに違いない。そしてそれが、子供達をなるべく早い段階で東京に送り出そう、という決意に繋がったのだ。長男の太郎は、静岡大学付属小学校で、開校以来の秀才の名をほしいままにしていた。学校には、県の教育委員会が特別視察団を送り込み、家系調査をやって、真剣に飛び級を議論したという話も伝わっている。

この息子を見て、父は自分が子供時代をムダに過ごした口惜しさを、子供たちには経験させたくないと思ったのだ。そして長男が中学三年になった夏、母は次男と夫を静岡に残して、長男と三歳になったばかりの三男を連れて、東京に移住した。その目的は唯一つ、長男を日比谷高校、つまりかつて夫が勤めていた府立一中に入れて、東大理学部数学科に進学させ、数学科の教授にすることだったのである。

この結果ヒラノ少年は、父と二人静岡で暮らすことになった。母の言葉を使えば、〝馬鹿ではない〟程度の弟は、天才である兄と差別されても仕方がないと思う一方で、自分一人が置き去りにされたことに深く傷付いた。

そしてこの時の少年を支えたのは、（自分では気がつかなかったことだが）いつかは母や兄を見返してやりたい、という気持ちだったのである。

世間知らずの母は、父に向かって東京の私立大学に移った方がいいのではないか、という言葉を繰返していた。この件については、東大時代の友人があちこち口を聞いてくれたようだが、（恐らく研究業績がなかったために）最後まで実現しなかった。

一九六〇年、父は心筋梗塞で倒れた。五〇歳になったばかりだった父の病状は比較的軽く、一ヶ月程の入院生活で職場に復帰した。しかし、毎週一人で東京と静岡を往復する生活を続ける中で、次第に気力も体力も衰えていったのである。

小学生時代のヒラノ少年は、親戚や知り合いから「お父様にそっくりですね」と言われるたびに、アンビバレントな気持ちを味わった。開校以来の秀才と呼ばれた大学〝教授〟に似ている、と言われて晴れがましい思いを抱く一方で、頭の中身は兄に及ぶべくもないことを知っていたからである。

父が教授でなく助教授だと知ってからは、父と似ていると言われる度に、いたたまれない気

持ちに襲われた。留学にあたって、推薦状を依頼するため、東京工業大学の森村教授の研究室を訪れた際に、

「もしかして君は、府立一中に勤めていたヒラノ先生の息子さんではありませんか？」と訊ねられたのに対して、

「はい、そうです」と答えたとき、

「良く似ているので、前からそうではないかと思っていました。実は府立一中時代に、お父上には大変お世話になりました。本当に立派な先生でしたが、今はどうして居られますか」と訊かれ、

「静岡大学で数学を教えています」と答えて大汗をかいたが、森村教授も父が五〇代半ばを過ぎても助教授であることを知れば、驚いたのではないだろうか。

子が父に似るのは不思議ではない。しかし、ヒラノ青年は容姿だけでなく、すべてにわたって父と良く似ていた。中学生時代は月曜から土曜まで、学校が終わると友人の家に直行し、暗くなるまで家に戻らなかった。時折晩飯まで御馳走になることもあったが、そんな時はそれがバレないように、帰宅したあと二度目の晩飯を食べた。

母は常日頃、「他人の家で施しを受ける人間はロクデナシだ」と言っていたが、それは息子だけでなく、高校時代に自分の実家に入り浸っていた父へのあてつけだったのだ。

ヒラノ少年が家に寄りつかなかったのは、〝馬鹿ではない〟少年には、家の中に居場所がなかったからだ。恐らく父も、要領がいい弟に比べられて、居心地が悪かったのだろう。

大学に合格したヒラノ青年は、嬉しさに浮かれて怠惰な毎日を過ごすうちに落ちこぼれた。イチかバチかのギャンブルに勝って、希望の学科に入れて貰ったものの、全国から集まった秀才に取り巻かれ意気阻喪した。

そして大学三年の春、一〇年近く思い続けたマドンナに愛を告白したとき、「あなたは良いお友達ですが、恋人としての気持ちを抱いたことは一度もありません」という拒絶の言葉で、宇宙の迷子になった。

自堕落な生活を送っていた青年を癒してくれたのは道子である。しかし道子には、年上の恋人が居た。ヒラノ青年は若さに物を言わせて男から道子を奪い取り、大学卒業と同時に結婚した。母はこの結婚に大反対し、親戚中に道子を、〝息子を奪い取った悪女〟だとふれまわった。

母の思いが分からないわけではなかった。しかしヒラノ青年は、妻を守るために母を捨てた。そして病弱な妻との生活を支えるため、アルバイトに精を出した。

友人の家に入り浸る生活、落ちこぼれ、学生結婚、家族と義絶。アルバイトばかりしていて勉強しなかったため、指導教官に見放された学生。すべて父がたどった道だ。違うところは、指導教官とケンカしなかったことだけだ。

〝いつの日にか、博士号を取ることが出来れば、このトラウマから逃れられるかもしれない〟。スタンフォードで必死に勉強したのは、そのためだった。ヒラノ青年はこの夢を実現した。しかし博士論文は不良品だった。

もし指導教官がダンツィク教授でなかったら、あの論文を通してもらえなかったかもしれない。三年で博士号が取れなければ、そのまま日本に戻り、父と同様真っ暗な道を歩くことになったはずだ。

15 帰還

イリノイ大学助教授という、一級のポストを手にしたリン・マクリンデンは、八月半ばにマディソンを去った。もう一人のレス・トロッターも、早々と母校のコーネル大学に職を得た。二人とも、希望通りのポストを手に入れたのである

ヒラノ青年は、当初一年間の契約延長を狙っていたが、その希望はとうの昔に断たれてしまった。それに家族のことを考えれば、早く日本に帰ったほうがいいことは明らかだった。丸四年をアメリカで過ごし、子供たちの教育に全責任を負わされた妻の肉体的・精神的負担も、限界に達していた。

一九七三年九月末、ヒラノ一家はマディソンをあとにした。出発の前日、ロビンソン准教授（ヒラノ青年と同じ歳のこの人は、少し前に准教授に昇進して、終身在職権を手にした）の家に招待されたヒラノ青年は、温かいもてなしを受けて涙が出た。この一年間、激励してくれたのはこ

の人とリン、そして飲んだくれのダンスキン博士だけである。

グレイハウンド・バスでシカゴに出て、そこからサンフランシスコまで約三〇〇〇キロは、一日半の汽車の旅である。アメリカ暮らしもこれが最後だから、多少お金と時間はかかっても、コンパートメントを借り切って、一生に一度の大陸横断鉄道を楽しもう、ということになったのである。

昼前にシカゴを出た汽車は、真っ平な平原を走り続けた。乗客は定員の半数にも満たなかったし、食堂車のメニューもファミリー・レストランと大差なかった。しかし何もすることがない汽車の中での、日本に帰る嬉しさに顔がほころぶ家族との会話は、ヒラノ青年の心を和ませてくれた。

食事のあとは、久しぶりに四人でトランプ・ゲームに興じた。九時を過ぎると、窓の外は真っ暗で、明かりといえば時折行き交う車のヘッドライトだけになった。二段ベッドの上段で横になり、スタンフォードのことを考えているうちに、いつかヒラノ青年は眠りに落ちた。

眼を覚ましたときには、夜はすっかり明けていた。二段ベッドから降りて窓のシェードを上げた瞬間、数百メートルに及ぶ、ほぼ垂直な断崖絶壁が目に入った。汽車はロッキー山脈に入っていたのだ。〝慢性的経営不振のアムトラックは、果たしてきちんと線路の保守をしているのだろうか〞。

北米大陸のほとんどを走りぬけたヒラノ青年は、数々の恐ろしい出来事を経験した。マウント・レーニエからの下り道、一メートル先も見えない霧の中の決死のドライブ。豪雨の中、サンフランシスコから国道一号線を南下して、ハーフムーン・ベイに向かう途中で出会った道路陥没（もう少しのところで、海の中に落ちるところだった）。

雪が降りしきるヨセミテ国立公園の凍りついた道で、車がスリップして危うく八〇〇メートルの崖下に転落しそうになったこと。気温五〇度のデスバレーで、過熱したエンジンがストップして、焼け死にそうになったこと、などなど。

どれも命に関わる大事件だったが、ロッキー山中の断崖絶壁は、これにも劣らない恐怖体験だった。

ロッキーを抜け出しユタ州の砂漠地帯を越えると、シェラネバタの山脈が待っていた。サクラメント・バレーを越え、サンフランシスコについたのは、二日目の夕方だった。

レンタカーでパロアルトに直行し、大学に隣接する安モーテルに投宿したあと、翌日から始まる「国際数理計画法シンポジウム」の登録を行うため、キャンパスに向かった。

スタンフォードは、二年前と同じように輝いていた。ダンツィク教授は、いつもどおりやさしくヒラノ青年を迎えてくれた。研究がうまく進んでいないことを伝えると、教授は〝Keep you visible〟という言葉で激励してくれた。〝仲間たちから忘れられないようにがんばれ〟、という意味である。

忘れられないためには、論文を書くのが一番である。それが無理なら学会に出席して、研究発表を行うだけでもいい。残念ながらヒラノ青年には、発表に値する材料はなかった。

研究発表しない研究者は、歌を忘れたカナリヤのようなものである。しかし、つまらない発表を聴きながら、〝書かない方がいい〟と酷評された論文の方が、ずっとましではないかと考えていた。

このシンポジウムでは、思いがけない人物と顔を合わせた。

一人目は、五年前にカナダに逃亡した、ジョン・フィクセルである。ベトナム和平協定成立に伴い、徴兵制が廃止されたあと復学したということだったが、三年に及ぶ逃亡生活のためか、とても三〇歳には見えないくらい年を取っていた（なおこの人は、一九七六年に博士号を取得したが、なかなかいいポストが見つからなかったようだ。徴兵拒否の罪は恩赦の対象になったはずだが、職探しの際のマイナスになった可能性は十分にある）。

もう一人は、一〇年以上〝あちら側〟に行っていた、ジョン・ナッシュ博士である。シンポジウム会場にふらりと姿を現したこの人は、この世の人間とは思えないような、〝真っ暗な〟表情をしていた（この時は、誰も後にノーベル賞を受賞するとは思わなかっただろう）。

五日間のシンポジウムを三日で切り上げ、ヒラノ青年は家族と共に最後の旅行に出かけた。キャンパス裏を走る国道二八〇号線で、サンフランシスコへ。フィッシャーマンズ・ワーフ、ゴールデンゲート・ブリッジを見物したあと、国道五号線を北上してオレゴン・コーストで一泊。翌日は海岸線を南に下ってモントレーへ。美しく輝くカリフォルニアの旅は、文字どおり〝センチメンタル・ジャーニー〟そのものだった。

〝ナッシュやフィクセルに比べれば、俺の方がずっとましだ。ここは日本に帰って、新規まき直しでがんばるしかない〟と自分に言い聞かせながら戻った研究所では、日銀から天下った外村所長の下で、大手術が進んでいた。

「諸君はこれから先、〝研究〟より〝調査〟に専念して、沢山の報告者を書き、スポンサーに最大限サービスしてください」。これが調査畑出身の所長の方針である。

ある問題が与えられたとき、それを解決するために行う活動、それが〝研究〟である。研究を行うためには、それに先立って調査を行うことが不可欠である。これまでどのような研究が行われてきたか。いまどこまでのことが分かっているのか。そしてどのような方法を使えば、問題が解けそうか。

これを調べるために、研究者は専門書や論文を読む。また学会に出席して、研究発表を聴いたり、専門家と情報交換することによって、問題解決のためのヒントを得ようと努力する。これが研究のために行う〝調査〞である。しかし調査だけでは、研究論文は書けない。

学会誌に掲載される論文の中には、ある分野の専門家が自分の知識を総動員して、これまでに明らかになったこと、今後どのような研究が必要かを纏めた、〝サーベイ論文〞がある。この種の報告は、学会において一定の評価を受ける。

しかしサーベイ論文を書くことができるのは、その分野で優れた研究業績を挙げた人に限られる。実績がない研究者には、このような論文を書く能力がないし、書いたところで研究者集団の中で評価されることはない。

つまり理工系の研究者にとって、調査は研究の前段階であって、調査によって明らかになった事実をもとに、自分の〝オリジナル〞なアイディアを組み合わせて問題を解決するためのプロセス、これが研究である。したがって、いくら綿密に調査を行っても、オリジナルなアイディアが生まれなければ、研究成果は出ない。

外村所長の方針は理工系の研究者にとって、致命的だった。調査に専念すれば、学生向けの教科書や一般向けの本を書くことは出来ても、研究論文は書けない。論文を書かない人は、〝研究者〞とは呼べない。ヒラノ青年にとって所長の方針は、〝経済研究所に理工系の研究者はいらない〞と言っているように思われた。

日本での新規まき直しに希望を抱いていたヒラノ青年は途方にくれた。

しかし、縁とは不思議なものである。新設される筑波大学の助教授ポストが舞い込んだのだ。所長は研究をやらなくてもいいと言う一方で、ヒラノ青年に期待していた。この研究所で博士号を持つ研究者は、ヒラノ青年以外には一人しか居なかったし、元銀行マンは、投下した資本の回収を図る必要がある、と考えたからだ。

帰国して半年あまり。ここでやめれば同僚や先輩たちを裏切ることを承知で、ヒラノ青年は〝研究〟を続けることが出来るはずの環境を選んだ。この結果所長からは、〝恩を仇で返した大悪人〟のレッテルを貼られることになるのだが、日銀出身のエリートが、組織の原理を踏みにじった男を許せなかったのは当然である。

〝これで研究ができる〟とヒラノ青年は安堵した。ところがそれは予想外の〝地獄〟の入り口だった。最初にヒラノ青年がもらったポストは、〝一般教育・情報処理担当〟助教授だった。〝あなた方は研究しなくても構いません。低学年の学生に対する初歩的講義を担当して頂ければ、それでいいのです。研究したければ、自由におやり下さい。但し、そのための費用や研究スペースは、最小限にさせて頂きます〟。これが文部省の〝一般教育担当教員原則〟である。だから専門課程担当教員に比べると、予算も設備も三分の一で、大学院の学生定員もつかない。どの組織にも差別はあるが、国立大学では差別が制度として確立されているのである。

ヒラノ青年はこの事実を知っていた。しかし、これはあくまでも一時的な間借りポストであって、三年後に新学部が設立された時には、専門課程担当教員にコンバートされるという約束でヒラノ青年は筑波大学に移ったのだ。

ところが、新しく赴任してきた教授達によって、専門課程コンバートの約束は破棄されてしまった。しかも次々とやってくる教授のほとんどは、四〇代に入ったばかりの人たちである。こうしてヒラノ青年はこの大学に居る限り、二〇年待たなければ教授にはなれないことを知るのである。五〇歳を過ぎた一般教育担当助教授。それこそは、悪夢が現実となることを意味していた。ヒラノ青年の頭には〝因果応報〟の文字がと浮かんでいた。

父が死んだのは、息子が万年助教授宣告を受けた直後である。二年前の三月に定年退職したとき、父は既に正気を失っていたが、それからあとは、思い出したくないような悲惨な状況が待ち受けていた。

ここに到って、母は献身的に父を介護していた。しかし、このままでは共倒れになると判断した息子たちは、母を説得して、知り合いの医師に紹介された病院に入院させた。

その後ヒラノ青年は、月に一回は見舞いに行くつもりでいたが、二回だけで終わりになった。

一九七七年の一月、松も明けぬうちに、父は食べ物を喉に詰まらせて帰らぬ人となったからである。

暮れに見舞ったとき、もう人間とはいえない姿に衝撃を受けたヒラノ青年は、父の死を知っても涙は出なかった。「死に顔にはその人の一生が均等に現れる」と言ったのは、レオナルド・ダ・ヴィンチだが、自宅に戻った父は昔の柔和な表情に戻っていた。

棺に蓋をするとき、ヒラノ青年は岩波の『数学辞典』を差し入れた。あちらに行ってから、この一冊があれば退屈せずに済むと思ったためである。しかし棺に釘が打たれた瞬間、ヒラノ青年はこれが父にとって重荷になるのではないか、と不安になった。数学辞典を執筆した人の中には、大学で机を並べた友人が何人も含まれていたからである。

葬儀は五反田の桐ヶ谷斎場で行われた。そこには、静岡大学時代の同僚である吉見教授と古川教授がかけつけてくれた。吉見教授は帰り際にヒラノ青年のところにやってきて、

「お父上には、まことに申し訳ないことをしてしまいました」と詫びてくれた。

父を飛び越えて教授になったこと、そして最後まで助教授のままで終わらせたことを言っているのだろう。しかしヒラノ青年は、〝今更そのような詫び言を聞いたところで何になる〟と考えていた。

16　幸運な男

ウィスコンシンから戻ったとき、モンスターはヒラノ青年の脳みそに設置された、七つのレジスターのうちの三つを占拠していた。このあと、混乱を極める筑波大学の瘴気に冒されたせいか、モンスターは一つのレジスターを放棄した。

また三年後には、新たに生まれた生命が、もう一つのレジスターを奪い返してくれた。この結果、モンスターの占拠スペースは三分の一に減った。その一方で、父の病気が招き寄せた真っ暗な未来が増殖し、二つのレジスターを占めるようになった。

ヒラノ青年が筑波大学助教授のポストを得たのは、父が（旧制）静岡高校の助教授に招かれたのと同じ三三歳のときだった。そのときヒラノ青年は、四〇代の余り遅くないうちに教授になりたいと考えていた。教授になれば、父のトラウマから解放されるだろうと思ったのである。

しかしこのあと間もなく、早くても五〇歳になるまでは教授になれないことが確定した。

五〇代半ばに教授になっても、トゥー・レイトである。四〇代半ばにピークを迎え、その後急激に生産性が落ちると言われている理工系研究者にとって、五〇代の教授は相撲部屋の親方のようなものだからである。

例外はあるとしても、二〇年以上助教授という中途半端なポストに留まったあと、五〇代に入ってから目覚しい業績を挙げた人は少ない。結局のところ、ヒラノ青年も父と同じ道をたどる運命だった。

ところが、四一歳になって突然教授ポストが降って沸いた。スタンフォード時代に、三〇〇ドル払って手に入れた統計学修士号と、自分では業績にならないと思っていた四冊の著書が評価されて、東京工業大学という一流大学に、教授として迎えられたのである。

教授とは言っても、文系の一般教育担当である。〝研究〟業績が評価されたのでないことは分かっていたから、父の墓前に報告する気になれなかった。

教授になったことで、〝真っ暗な未来〟はレジスターから抜け落ちていった。ところがその反動で心身症になった。毎日午前中は眩暈と耳鳴り、そしてわけのわからない不安感、いわゆる不定愁訴に悩まされた。

長い時間が経過したためか、モンスターはヒラノ教授の変心にクレームをつけることはなかったが、立ち退き料として、心身症の毒素をバラ撒いて行ったのである。

三年目に入って快方に向かったのは、時間を取られる仕事が大発生したからである。学科主任業務、国際シンポジウムの実働部隊長、二一世紀の日本をデザインする国家プロジェクトの幹事役。そして、これまで手にしたことがない大きな研究費が転がり込んだため、早急に研究成果を出さざるを得なくなったこと、などなど。

いくつもの大仕事を抱えたヒラノ教授は、心身症を理由に怠けているわけにはいかなくなったのである。

フー教授は、「一年かけても解けない問題は、三年かけてもダメな場合がほとんどだ」と言っていたが、諦めが悪い男も四〇歳を迎える頃には、〝一〇年かけても解けない問題に関わり合うより、身の丈にあったテーマを探した方がいいのかもしれない〟と考えるようになっていた。

幸運が降ってきたのは、一九八八年の夏である。四八歳になったヒラノ教授は、学生時代にベストセラーになった、『四八歳の抵抗』という小説を思い出した。もう一周で還暦というサラリーマンの物語だが、男という生き物にとっては、〝四八歳〟がもうひと花咲かせるぎりぎりの限界であることを教えてくれたのが、この小説である。

研究者の間で、〝国際会議のホスト役は、一度はやらなくてはならないが、二度やる必要はない〟と言われているとおり、世界から一〇〇〇人の研究者が集まるシンポジウムの実働部隊長は、二度とやりなくない大変な仕事だった。

シンポジウムも中日を過ぎて、ポッカリ空いた時間をつぶすため、ヒラノ教授はベトナム人数学者の研究発表を聞きに行く気になった。〝モンスターの生みの親であるホアン・トイ教授の一番弟子は、どのような研究をやっているのだろうか?〟

会場に足を踏み入れた時、すでに発表は始まっていた。そしてそこに写し出されたスライドを見て、ヒラノ教授はモンスターを捕獲する方法を思いついたのである。初めに捕獲したのは、モンスターの赤ん坊だった。ところがこれがきっかけで、次々と大きな獲物が網にかかった。

もう一つの幸運は、このシンポジウムで初めてお目にかかったホアン・トイ教授が、「かねて君の研究に注目していた」と声を掛けてくれたことである。

ウィスコンシンから戻ったあと、ヒラノ青年は〝書かない方がいい〟論文を、日本OR学会の論文誌に投稿した。帰国直前に参加した、スタンフォードでのシンポジウムで、〝それほどひどい論文ではない〟という心証を持ったからである。

また筑波大学に移ってから、博士論文の中から〝煮ても焼いても食えない〟部分を取り除いて二編の論文を書き、国際A級ジャーナルに投稿したところ、いずれもあっさり審査をパスした。

書いた本人は、〝書かないよりは書いた方がいい〟と思っていた三編の論文に、大御所のトイ教授が高い評価を与えてくれたのである。まさに、〝捨てる神あれば、拾う神あり〟である。

この言葉に力を得たヒラノ教授は、学生たちの協力を得て、論文を書きまくった。結局〝トイの大モンスター〟を退治することはできなかったが、この後数年の間に、ひとまず満足すべき収穫を手に入れることが出来たのである。

幸運はこれだけではなかった。八〇年代半ばに、正統派エンジニアが足を踏み入れようとしなかった「金融工学」という鉱脈から、次々と大きな宝石が見つかった。〝虎穴に入らずんば虎子を得ず〟という言葉があるが、リスクに満ちた鉱山から、大きなリターンが手に入ったのである。

父は運がない人だった。一方の息子は、父親の不運のすべてを取り返すほどの幸運に恵まれた。父と息子の間には多くの共通点があった。要領がいい弟に比べられ、家の中に居場所がなかった父と、開校以来の秀才と呼ばれた兄に比べられ、母親から冷遇された弟。親の反対を押し切って学生結婚したのが原因で、家族と義絶したこと。不勉強のため指導教官から見放されたこと。身分不相応の難問と戦ったこと。三三歳で大学助教授になったあと、万年助教授として一生を送った父と、その運命を共有するはずだった息子。

違うことがあるとすれば、小学校を卒業して上京した息子が、多くのすぐれた友人を手に入れたこと、指導教授と喧嘩しなかったこと、高度経済成長と理工系大学大拡充の波に乗ったこと、そして夫の才能を信じ、完全な自由を保障してくれる伴侶を得たことである。

幸運の始まりは、アメリカ留学の機会を得たこと、そして森口教授がダンツィク教授に推薦状を書いて下さったことである。アメリカ研修時代に、ユダヤ人コミュニティを驚愕させる業績を上げ、〝準ユダヤ人待遇〟を受けた森口教授の推薦状がなければ、ヒラノ青年は一〇倍の競争をくぐり抜けて、スタンフォード大学から入学許可を手に入れることはできなかっただろう。

また東京工業大学に招いてもらうことができたのは、東京のエリート・ネットワークの一員だったからである。長男を東大数学科教授にすべく、母は次男を静岡に残して上京した。この夢は実らなかったが、兄のオマケとして中学一年の時に上京した次男は、優れた友人ネットワークに組み込まれ、幸運を手にしたのである。

スタンフォード大学のOR学科で博士号を取ったヒラノ青年は、帰国後「日本OR学会」の会員になった。会員数は三〇〇〇名に満たないが、多くの有力研究者を擁するこの学会は、数ある工学系学会群の中で、一目おかれる存在だった。

ヒラノ青年は、若手学会員の中で注目される存在だった。日本におけるこの分野のドンである森口教授門下の出身で、世界最高峰のダンツィク教授の弟子となれば、注目されない方が不思議である。

しかしヒラノ青年は長い間、優秀な仲間たちの間で小さくなって暮らしていた。注目に値する実力がないことが分かっていたからである。〝モンスターを退治して、博士論文の不備を修復するまでは、本物の博士とはいえない――〟。

一〇年経っても、その手がかりは得られなかった。また体裁を取り繕うために、何冊かの教科書を書き、何篇かの論文を発表したものの、それらは研究者としての業績につながるものではない、と思っていた。

そして四〇歳を過ぎる頃には、ヒラノ青年は同世代のライバルに、大きな差をつけられただけでなく、かつて面倒を見た後輩にも追い抜かれてしまった。ところが〝四八歳の抵抗〟が実って、大きな幸運が降ってきたのである。

一九九四年、五三歳になったとき、ヒラノ教授は二一年間の一般教育担当教員生活から脱け出し、専門教育担当教員になった。思えば長い道のりだった。そしてこのとき始めて、〝本物の〟博士になったことと〝本物の〟教授になったことを、父の墓前に報告する気になったのである。

四八歳から六〇歳までの一二年間、仕事の上では全てが順調だった。その一方で、五〇代に入って発症した妻の難病が、〝幸せ〟と〝安らぎ〟を奪っていった。

エピローグ　五〇年目の真実

日本ＯＲ学会の会長という大役が降ってきたのは、六三歳になったときである。難病を患う妻を抱えて、この仕事が勤まる自信はなかった。しかも、前会長が就任直後に病気になったため、学会活動は二年近く停滞していたから、新会長はそれまでの懸案を解決するために、かなりの時間を割かなくてはならない。

残念ながら、それほど多くの時間は取れそうもない。しかし辞退すれば、学会全体に混乱が広がることは必至である。このとき妻は、「引き受けなさいよ。私はまだ大丈夫だから」と夫の背中を押した。夫にとって、このポストがどれほど大きな意味を持つか知っていたのだ。

学会が設立された一九五七年当時から、産業界への応用を重視した日本ＯＲ学会では、産業界と学界から交互に会長を選出するのがルールになっていた。任期は二年だから、学界からは四年に一人しか会長が出ない。

歴代会長の一覧表を見ると、産業界から選出されたのは、安川電気、日立製作所、日本電気、アサヒビールなど、日本を代表する一流企業の社長・会長を歴任した人ばかりである。また学界出身の八人も、二〇〇二年に文化勲章を受章した近藤次郎東大名誉教授、国際統計協会会長を務めた森口繁一東大名誉教授をはじめ、日本を代表する大物揃いである。

その中で馴染みがないのは、一九七二年から七四年にかけて会長を務めた、元静岡大学学長の小野勝次博士（名古屋大学名誉教授）ただ一人である。

父が勤めていた大学の学長である。気になったヒラノ教授は、インターネットでこの人の経歴を調べてみた。分かったことは、若くして学士院賞を受賞した数学基礎論の大家で、名古屋大教授、静岡大学長を歴任したあと、二〇〇一年八月に九二歳で亡くなったということだった。

ヒラノ教授の頭には、この人のための追悼文を読んだ記憶が残っていた。記憶は確かだった。二〇〇一年のOR学会機関誌に記された略歴を見て、ヒラノ教授は息を呑んだ。〝明治四二年四月一〇日生まれ。昭和八年東京帝国大学理学部数学科卒業！〟。

父と同じ年に生まれ、同じ年に東大数学科に入学した同期生なのだ。当時の東大数学科は、一学年が一〇人程度の小さな世帯だったから、互いに良く知っているはずの間柄である。

小野教授が静岡大学学長に選任された一九七一年は、ヒラノ教授がスタンフォード大学で博士号を取った年である。このころの父は、心臓にトラブルを抱えていたが、頭は正常だった。

血糖降下剤を大量服用して脳に障害が出たのは、その三年後である。

片や学長、片や万年助教授！　何十年ぶりかで顔を合わせた同期生は、どのような言葉を交わしたのだろうか。

父の葬儀のとき、吉見教授は言っていた。「最後は教授として送り出したいと思ったのですが、それが果たせず申し訳ないことをしました」と。吉見教授は父を教授にしようと考えたが、重要人物がこれにノーと言ったのだ。あれから二七年、ヒラノ教授はいつも父の無念を思って暮らしてきた。

博士になったとき、父はとても喜んでくれたが、後ろめたい気持ちでこれを受け止めた。教授になったとき、父は既にこの世にいなかったが、墓前で報告する気になれなかった。実力で勝ち取ったポストではなかったからである。報告に行ったのは、専門教育担当の教授になってからである。このとき初めてヒラノ教授は、父の仇を討ったと思うことができたのである。

ところが父の無念は、その程度のことで晴らせるようなものではなかった。教授昇進をブロックした重要人物は、小野学長だったのではないだろうか。同級生から死刑宣告を受けたのだとしたら、その無念はいかばかりだっただろう。

しかしヒラノ教授には、小野学長の気持ちが分からないわけではなかった。〝たとえ同期生であっても、博士号も研究業績もない人を教授にする時代は終わった。国際水準で業績を評価した上で人事を行うべきだ〟。一流の研究者であれば、こう考えてもおかしくない。

実際ヒラノ教授も、実績がない定年間際の同期生の教授昇進を打診され、悩んだ末に首を横に振ったことがある。〝助教授になってから二五年間、ほとんど研究成果を挙げなかったばかりか、数々の奇行で同僚や学生たちを悩ませた人を、教授に昇進させるわけにはいかない――〟。

二〇〇四年の暮れも押し詰まったある日、吉見教授から大学あてに手紙が届いた。娘の家に滞在しているので、一度会って話がしたいという。父の葬儀のあと一〇年ほどは、年賀状のやり取りを続けていたが、すでにリストから外されていた。

父の晩年を知っている吉見教授は、会いたくない人の一人だった。しかし、先が短い老人の頼みを断ったら後味が悪い。意を決したヒラノ教授は、クリスマスの午後、水道橋のホテルで吉見教授と会うことにした。

早目に到着してロビーで待っていると、足取りが定かでない老人が姿を現した。八〇過ぎどころか、もう九〇に近いのではないだろうか。

「お父上とそっくりなので、遠くからでも分かりました。お忙しいところ、お時間を取って頂き有難うございます」

父とそっくりだと言われて、ヒラノ教授は不愉快な気分になった。

「お手紙をありがとうございました。その節は、父のことで大変ご迷惑をおかけしました」

「私こそ、力が足りず申し訳なく思っています」

「あちらでコーヒーでも如何でしょう」

カフェテラスに入り、コーヒーと軽食を注文した。ハンカチで眼鏡を拭いた吉見教授は、呼び出した理由を説明した。

「ＯＲ学会の会長になられたことを知りましたので、一言お祝いを申し上げたいと思い、お手紙を差し上げました」

「私のような者に、このような大役が降ってくるとは、夢にも思いませんでした」

「実は私の大学の学長も、以前ＯＲ学会の会長を務めて居られましたが、あの学会には、数学会のような古いしきたりがないので気持ちがいい、と言って居られました」

「小野先生ですね」

「ご存知ですか？」

「お名前だけですが、ＯＲ学会誌に載った追悼文に添えられていた経歴を拝見して、父と大学で同期だったことを知りました」

「小野先生は、父上には気の毒なことをしてしまった、生涯の痛恨事だ、と言っておられました」

「いまになって、そのようなことをお聞きしても仕方がありませんが、この歳になってみますと、小野先生のお考えも分ります。業績がない人を教授にするわけにはいかない。そういうことでしょう」

「それは違います。お父上には立派な業績がおありでした」

吉見教授の話は、ヒラノ教授の考えを根底から覆すものだった。

大学に入った父は、山好き同士の間柄で、小野勝次氏と親しく付き合うようになった（小野氏は、オリンピックの競歩選手候補に挙げられるほどの健脚だった）。小野氏はこのころの父について、〝才能はあるが、頑固で要領が悪いから、将来苦労するのではないか〟と思っていたという。

案の定、父は研究テーマをめぐって、指導教官のA教授と衝突した。不勉強な学生が、そのような難問に取り組むのはやめた方がいい、というアドバイスを受け入れなかったからである。この結果、父は教授のイジメ（今で言うアカハラ）の対象になった。イジメはかなり徹底したものだった。そして小野氏は、それを至近距離から見ていた。

仲間たちより一年遅れて卒業した父は、府立一中時代も、また静岡高校に移ったあとも、この問題に取り組んでいた。そして戦争が終わる直前に、大きな定理を証明した。

父はこの結果を論文にまとめて、A教授に送った。しかし教授は、これに答えてくれなかった。自分に刃向かった学生の論文など、読む気になれなかったのか。それとも、単に忙しくて読む時間がなかったのか。

戦況は悪化し、昭和二〇年三月には東京大空襲があったのだから、論文を読んでいる余裕がなかったのかもしれない。また戦争中のことゆえ、父は学会で研究発表を行う機会もなかった。ところがこのとき、同じ問題に取り組んでいたもう一人の人物が居た。二年後、父の定理はY氏の手で再証明された。この業績で博士号を取ったY氏は、のちに世界的に名を知られるスター教授になった。

小野教授は、学士院賞受賞の際の祝賀パーティーで、

「Yの定理を最初に証明したのはヒラノだ。彼には気の毒なことをした」と、A教授が述懐するのを耳にしたという。

静岡大学学長に選任されたとき、小野教授はかつての友人が、駅弁大学で助教授のまま定年を迎えようとしていることを知って、衝撃を受けた。そして教授に昇進させるべく、周囲に根回しした。

しかしA教授は既に他界し、三〇年前の父の業績を裏付ける証拠は残っていなかった。数学科の教授たちは、学位も業績もない上に、雑用もやらない父の昇進を認めようとしなかった。このとき父は学長に言ったという。

「無理をしてまで、教授にしていただかなくても結構です。学生たちに好きな数学を教えることが出来れば、私はそれで満足です。それに、家族が東京に住んでいますので、週に三～四日しか大学に出てきませんが、そのようなことが許されるのも助教授だからです。ですから、みなさんの反対を押し切ってまで、教授にしようとするのはおやめ下さい」と。

この後間もなく父は、血糖降下剤の副作用で異常を来した。そして、それと共に教授の目は完全に消えた。解任されずに済んだのは、小野学長が庇い続けたからだった――。

学生時代以来、〝あんな風にだけはなりたくない〟、と思っていた父の真実を知った時の驚きを、何と表現すればいいのだろうか。

日本の数学界は、古くから世界のトップ・レベルにある。若くて優秀な人たちが、大定理を証明すべく競い合っている。そして、誰か一人だけが果実を手にするのである。証明競争に敗れて生命を絶った人はいくらでもいる。

数学者の競争は、オリンピックの短距離競争のように、金メダリスト以外は評価されない。二〇代に大きな定理を証明した人は、その勲章で一生食べていける。一方、敗者に復活の道はない。数学者は、二〇代から三〇代はじめに成果を出さなければ、四〇代で復活する道はないのである。小野教授が学士院賞を貰ったのも、二〇代の業績が評価されたからである。

もしA教授が父の論文を読んでくれていたら、父は三〇代半ばに博士号を取り、東工大教授になっていたかもしれない。そうなっていれば、「東大理学部教授以外は大学教授ではない」と言っていた母も、息子たちにプレッシャーを掛けて、嫌われることはなかっただろう。

しかし父は、自分の不運を胸の中にしまいこんだ。このような不運を背負いながら、平然と生きた父。地位や名誉より、妻や子供たちを大事にしたのだ。

大学時代以来、ヒラノ教授は父の子であることを恥じてきた。〝綺羅星のごとき秀才の中の落ちこぼれ。開校以来の大秀才なんて、誰が言ったんだ〟。父の一生は、悪夢以外の何ものでもなかった。だから、ずっと父の記憶を意識的に排除してきた。

しかし父の才能と不運を知った今、ヒラノ教授の頭の中は、優しかった父の思い出が溢れ返っていた。父は母を愛し、学生を可愛がり、子供たちを慈しんだ。思い出してみれば、ヒラノ教授も父に可愛がってもらったのだ。

小学生時代、弟が生まれるまでは、良く本や雑誌を読んでもらった。母には叱られてばかりいたが、父に叱られた記憶は一度もない。母に叱られて、父の勉強机の下で死んだマネをしているうちに眠り込んでしまった息子が帰って来るのを待って、晩ご飯を食べなかった父。

小学校に入ってからは、しばしば映画に連れて行ってくれた。また夏休みには、竜爪登山、白石山登山、韮山砲台見学、久能山・日本平遠足、そして秋になると徳願寺にみかん狩り（実はミカン・ドロボー）に連れて行ってくれた。

授業参観や父母会に出て来るのは、いつも母ではなく父だった（担任の先生は、ヒラノ少年を母なし子だと思っていたらしい）。

母に置き去りにされた一年間、父は朝食と夕食を作ってくれた。また息子が作った親子どんぶりを、「こんなにうまいものは食べたことがない」と言いながら食べてくれた。実際には味が濃すぎて、食べられたものではなかったのだが。

そして月に一回は、ヒラノ少年を近所のソバ屋に連れて行って、〝一杯のかけそば〟を注文して、息子がそれを食べるのを嬉しそうに見ていた。家に帰れば茹でた麦があるから、自分はそれを食べると言っていた。〝その言葉を信じた俺は、何と言うバカ者だろう！〟。

中学時代には、母や兄には内緒で、映画館の入場料を渡してくれた映画狂の父。高校時代に、Y教授の啓蒙書を持っているのを見た父が、複雑な表情を見せたときは、〝親父はこの人が嫌いなんだ〟と思いはしたが、それ以上は何も考えなかった。

卒業論文に取り掛かったとき、父は五〇〇〇円もする洋書を買ってくれた。大卒初任給が二万円に届かなかった頃のことだ。この本がなければ、ヒラノ青年は工学士になれなかったかもしれない。

息子が博士号を取ったことを知ったときは、自分のことのように喜び、母に向かって、

「お前は知らないだろうが、あいつの指導教授は、世界で一番偉い先生なんだぞ」と言って、珍しく好きでもない酒を飲んでいたという。

七四歳のヒラノ老人は、まもなく父に会うことになるだろう。その時どのような言葉をかければいいのだろうか。

あとがき

この本の第Ⅰ部「カリフォルニア・サンシャイン」を書き始めたのは、今から八年ほど前である。第一部が完成したのはその一年後、第Ⅱ部「凍えるウィスコンシン」が完成したのは三年後である。

それぞれ三〇〇枚に及ぶ原稿は、一冊の本とするには長すぎる。この結果、この原稿は数年間放置された。六〇〇枚の原稿をほぼ半分にカットした上で、エピローグを追加した現在の原稿が完成したのは、一年ほど前である。

その後二人の友人（緑慎也、竹山協三両氏）に原稿を読んでいただいたうえで、改定を施したのがこの原稿である。

若いころのヒラノ青年は、人間は才能が五〇％、努力が三〇％、運が二〇％くらいだと思っていた。しかし年齢を重ねるにしたがって、才能の比率が減少し、運の比率が上昇していった。そして、人生場所の楽日を迎えた今、八〇％は運だと思うようになった。

運が悪かった（悪すぎた）父、運が良かった息子。しかし人生は幕を閉じるまで分からない。これから先、これまでの幸運をひっくり返す、不運が待ち受けていないとも限らない。

最後になったが、この本をまとめる上で、青土社の菱沼達也氏に大変お世話になった。先述の二人と合わせて、心から感謝する次第である。

二〇一四年八月

今野 浩

著者紹介
今野浩(こんの・ひろし)
1940年生まれ。専門はORと金融工学。東京大学工学部卒業、スタンフォード大学OR学科修了。Ph.D. 工学博士。筑波大学助教授、東京工業大学教授、中央大学教授、日本OR学会会長を歴任。著書に『工学部ヒラノ教授』、『工学部ヒラノ教授の事件ファイル』、『工学部ヒラノ教授のアメリカ武者修行』(以上、新潮社)、『工学部ヒラノ助教授の敗戦』、『工学部ヒラノ教授と七人の天才』、『工学部ヒラノ名誉教授の告白』、『あのころ、僕たちは日本の未来を真剣に考えていた』(以上、青土社)、『ヒラノ教授の線形計画法物語』(岩波書店)など。

工学部ヒラノ教授の青春
試練と再生と父をめぐる物語
2014年9月25日　第1刷印刷
2014年9月30日　第1刷発行

著者――今野 浩

発行人――清水一人
発行所――青土社
〒101-0051　東京都千代田区神田神保町1-29　市瀬ビル
［電話］03-3291-9831（編集）　03-3294-7829（営業）
［振替］00190-7-192955

印刷所――ディグ（本文）
方英社（カバー・扉・表紙）
製本――小泉製本

装丁――クラフト・エヴィング商會

ISBN978-4-7917-6817-2 C0095